Foilsithe ag
CJ Fallon
Bloc B – Urlár na Talún
Campas Oifige Ghleann na Life
Baile Átha Cliath 22

An Chéad Eagrán Feabhra 2015
An tEagrán seo Júil 2016

ISBN: 978-0-7144-2065-3

© Joanne Kett agus Ellie Ní Mhurchú

I gcás corrcheann de na dánta sa leabhar seo, níor aimsíoipchirt. Cuirfear na gnáthshoscruithe I bhfeidhm, ach an t-eolas cuí a chur in iúl.

Gach ceart ar cosaint.
Tá cosc ar aon chuid den fhoilseachán seo a atáirgeadh nó a tharchur, ar chuma ar bith nó trí mheán ar bith, pé acu trí mheán leictreonach nó meicniúil nó fótachóipeála nó trí mheán ar bith eile, gan cead an fhoilsitheora a fháil roimh ré.

Clóbhuailte in Éirinn ag
Turner Print Group
Sráid an Iarlaí
An Longfort

Réamhrá

Nuachúrsa Gaeilge don bhunscoil is ea *Léigh sa Bhaile* ina bhfuil tús áite tugtha don taitneamh, don tuiscint agus don teanga.

Déantar é seo tríd an léitheoireacht neamhspleách, laethúil, chomh maith leis an gcaint agus leis an gcomhrá. Is scéim an-éasca le leanúint í don mhúinteoir, don tuismitheoir agus don scoláire féin.

I ngach leabhar, tá 120 leathanach de shleachta éagsúla léitheoireachta. Cloíonn na scéalta go dlúth leis na deich dtéama atá i gcuraclam na Gaeilge i modh óiriúnach agus baint acu le saol an pháiste féin. Clúdaítear gach téama go rialta agus go críochnúil don aoisghrúpa atá i gceist chun cabhrú le dul chun cinn na ndaltaí ó bhliain go bliain.

Gach oíche, seachas an Aoine, faigheann na páistí leathanach amháin le léamh agus an lá dar gcionn, fiosraíonn an múinteoir tuiscint an pháiste trí cheisteanna a chur ar an rang.

Spreagann sé seo comhrá ranga, comhrá beirte agus comhrá baile chomh maith, a chabhraíonn le dul chun cinn agus líofacht an pháiste sa teanga.

Déantar athdhéanamh straitéiseach i ngach leabhar agus de réir a chéile feicfidh tú go mbeidh foclóir agus frásaí in úsáid agat féin sa bhaile go rialta.

Introduction

Léigh sa Bhaile is a new series of Irish language books for primary school. They aim to develop reading fluency, comprehension skills and vocabulary development by encouraging *daily and independent* reading at home. Each book consists of 120 single page units, with a variety of styles and genres. Each of the ten themes of the curriculum is covered regularly to ensure development of the theme throughout the school year. These vibrant, interesting and modern books are designed to be easily used by teachers, parents and the children at each level.

The *Léigh sa Bhaile* series encourages daily reading practice, which is a key element in promoting literacy. It allows for consistency and constant progression from year to year. The series aims to develop not only the children's reading and comprehension skills, but their oral skills also. It has a modern approach to learning and to developing the language.

How to use *Léigh sa Bhaile*

Children are assigned one page of reading for homework each day of the week, except Friday. The teacher can check the reading ability the following day by orally asking the questions provided on each page. Class discussion can also be used to help develop the oral language skills of the children.

Clár

Seachtain	Lá		Téama	Leathanach
1	1	Buachaill Nua	Mé Féin	1
	2	Scoil Uí Riada	An Scoil	2
	3	Mo Theach	Sa Bhaile	3
	4	Ag Obair ar an bhFeirm	Mé Féin	4
2	1	Mé Féin	Mé Féin	5
	2	Éide Scoile Nua	Éadaí	6
	3	An Siopa Leabhar	Siopadóireacht	7
	4	Ag Cur Síos ar an Aimsir	Caitheamh Aimsire	8
3	1	Tithe	Mé Féin	9
	2	Lá Baiste	Ocáidí Speisialta	10
	3	Craobh Ghinealaigh	Mé Féin	11
	4	Mo Chuid Comharsan	Sa Bhaile	12
4	1	Scoil Faoin Tuath	An Scoil	13
	2	Leabhar Iontach	Caitheamh Aimsire	14
	3	Lón Amy	Bia	15
	4	Gach Oíche	Sa Bhaile	16
5	1	Bronntanais do Mhamó	Siopadóireacht	17
	2	Lá Gaofar	An Aimsir	18
	3	Breithlá Mhamó	Ocáidí Speisialta	19
	4	Clár Ama Scannán	An Teilifís	20
6	1	Gach Lá	Mé Féin	21
	2	Réamhaisnéis na hAimsire	An Aimsir	22
	3	Liosta Siopadóireachta	Siopadóireacht	23
	4	Cluiche – Cé mise?	Mé Féin	24

Seachtain	Lá		Téama	Leathanach
7	1	An Dinnéar is Fearr Linn	Bia	25
	2	Cártaí Peile agus Stampaí	Caitheamh Aimsire	26
	3	Scoil Nua	An Scoil	27
	4	Áiseanna	Siopadóireacht	28
8	1	An Fómhar	An Aimsir	29
	2	Masc d'Oíche Shamhna	Ocáidí Speisialta	30
	3	Oíche Shamhna	Ocáidí Speisialta	31
	4	Féasta Oíche Shamhna	Ocáidí Speisialta	32
9	1	Léirmheas Leabhair	An Scoil	33
	2	Briste	Sa Bhaile	34
	3	Crannchur Mór	An Scoil	35
	4	Rang Ealaíne	Caitheamh Aimsire	36
10	1	An tAm	An Scoil	37
	2	Éadaí Tirime	Éadaí	38
	3	Cé Mhéad?	Siopadóireacht	39
	4	An Bia is Fearr Liom	Bia	40
11	1	Turas Scoile	An Aimsir	41
	2	Bréagáin san Oíche 1	Mé Féin	42
	3	Bréagáin san Oíche 2	Mé Féin	43
	4	Club na Gaeilge	Caitheamh Aimsire	44
12	1	An Phictiúrlann	Teilifís	45
	2	Caisleán na Blarnan	An Scoil	46
	3	Céimeanna Comparáide	Sa Bhaile	47
	4	An Fliú	Sa Bhaile	48
13	1	Laethanta na Seachtaine	Caitheamh Aimsire	49
	2	Éadaí Traidisiúnta	Éadaí	50
	3	Margadh Bláthanna	Siopadóireacht	51
	4	Sos Deas	Sa Bhaile	52
14	1	Gailearaí Náisiúnta na hÉireann	Caitheamh Aimsire	53
	2	Amhrán na bhFiann	An Scoil	54
	3	Gach Lá ar Scoil	An Scoil	55
	4	Éadaí Nua don Nollaig	Éadaí	56

Seachtain	Lá		Téama	Leathanach
15	1	Crann Jesse	Ócáidí Speisialta	57
	2	Lá Sneachta	Sa Bhaile	58
	3	An tAerfort	Ócáidí Speisialta	59
	4	Lá an Dreoilín	Éadaí	60
16	1	Chuala mé an Ghaoth	An Aimsir	61
	2	Lá Sneachta	Éadaí	62
	3	Cuairt ar m'Aintín	Caitheamh Aimsire	63
	4	Spraoi sa Sneachta	Aimsir	64
17	1	Bliain Nua na Síneach	Ócáidí Speisialta	65
	2	Cóisir Chodlata	Mé Féin	66
	3	Dia Duit/Hola	An Scoil	67
	4	Leabhar Cheanannais	An Scoil	68
18	1	Ceacht Gaeilge – Comhrá	An Scoil	69
	2	Ard-Mhúsaem na hÉireann	Sa Bhaile	70
	3	Ag Obair sa Ghairdín	Sa Bhaile	71
	4	Clár Dúlra	An Teilifís	72
19	1	Margadh Feirmeoirí	Bia	73
	2	Lón Deas	Bia	74
	3	An Ghrian	An Scoil	75
	4	Bricfeasta sa Leaba	Bia	76
20	1	An tEarrach	An Aimsir	77
	2	Litir chuig Mamó	Sa Bhaile	78
	3	Obair Bhaile	An Scoil	79
	4	Camógaíocht	Caitheamh Aimsire	80
21	1	Lá Fhéile Bríde	Ócáidí Speisialta	81
	2	Clóca Naomh Bríd	Ócáidí Speisialta	82
	3	Carr Nua	Siopadóireacht	83
	4	An Aimsir Inniu!	An Aimsir	84
22	1	Clann Lir	Ócáidí Speisialta	85
	2	An Cháisc	Ócáidí Speisialta	86
	3	Ócáidí Speisialta	Ócáidí Speisialta	87
	4	Hansel agus Gretel	Bia	88

Seachtain	Lá		Téama	Leathanach
23	1	Balún Te	An Aimsir	89
	2	Taispeáin is Inis	An Scoil	90
	3	Aimsir An-Ait	An Aimsir	91
	4	Éan Cliste!	Bia	92
24	1	Rang Drámaíochta	An Scoil	93
	2	Léirmheas ar Scannán	An Teilifís	94
	3	Teach ar Díol	Siopadóireacht	95
	4	An Bhialann	Bia	96
25	1	Teachtaireacht Ríomhphoist	Siopadóireacht	97
	2	An Bradán Feasa	Bia	98
	3	Cóineartú	Éadaí	99
	4	Foirgnimh Cháiliúla	An Teilifís	100
26	1	Díolachán ar Siúl	Éadaí	101
	2	Cistin Susie	Bia	102
	3	Ag Bogadh Tí 1	Sa Bhaile	103
	4	Ag Bogadh Tí 2	Sa Bhaile	104
27	1	Sicín Suaithfhriochta	Bia	105
	2	Ag Siopadóireacht san Aerfort	Siopadóireacht	106
	3	Caifé san Aerfort	Bia	107
	4	An Aimsir san Iodáil	An Aimsir	108
28	1	Fillteoga Toirtíle	Bia	109
	2	Cailín Uathúil	Mé Féin	110
	3	San Astráil	Caitheamh Aimsire	111
	4	Beidh Aonach Amárach	Me Féin	112
29	1	Na Laethanta Saoire	Mé Féin	113
	2	Cuairt ar an Meánscoil	An Scoil	114
	3	Pirimid an Bhia	Bia	115
	4	Go hIomlán Lán!	Éadaí	116
30	1	Lá Spóirt na Scoile	Caitheamh Aimsire	117
	2	Beárbaiciú	Bia	118
	3	Lá Grianmhar Cois Farraige	Bia	119
	4	An Teilifís	An Teilifís	120

Buachaill Nua

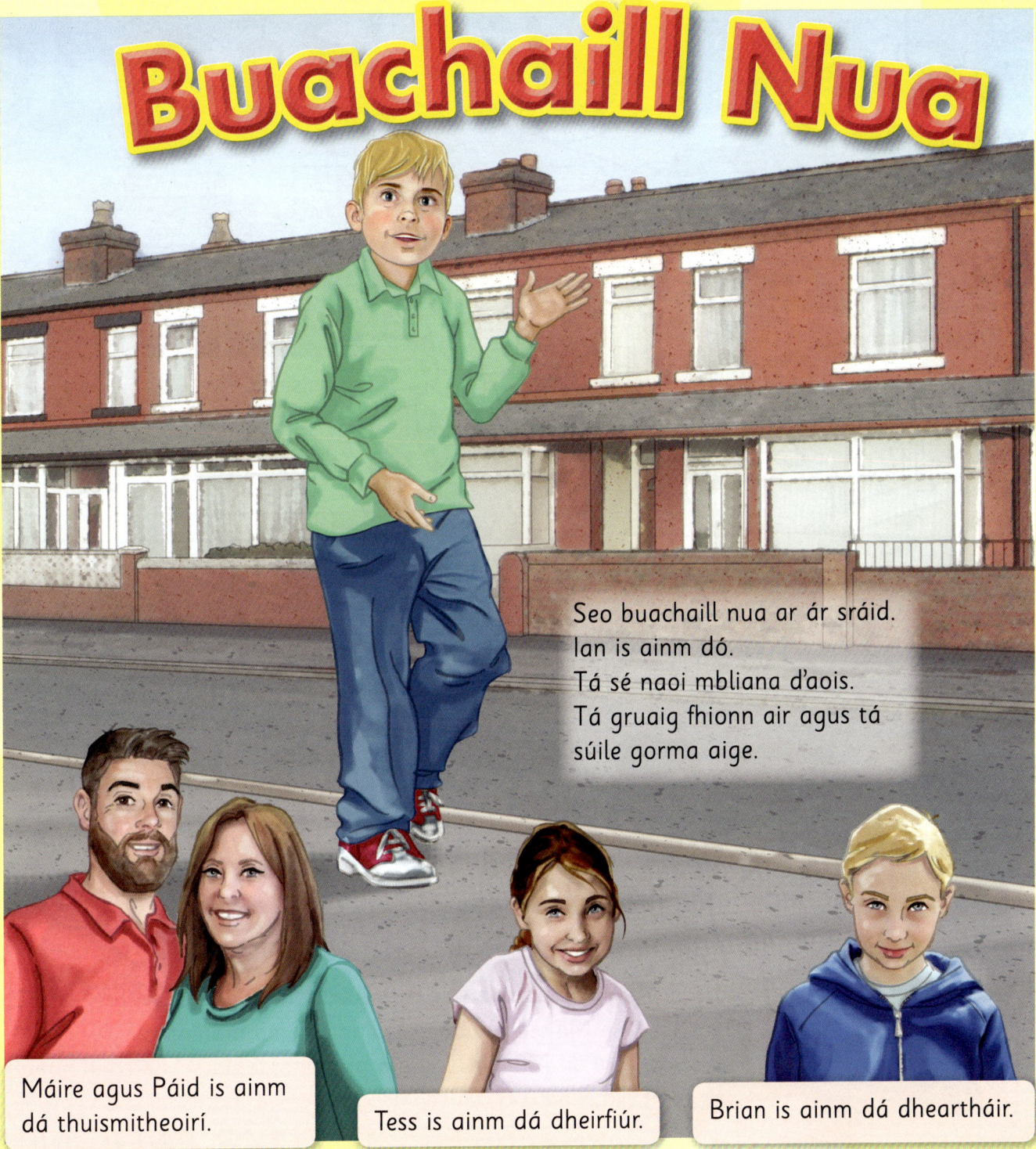

Seo buachaill nua ar ár sráid.
Ian is ainm dó.
Tá sé naoi mbliana d'aois.
Tá gruaig fhionn air agus tá súile gorma aige.

Máire agus Páid is ainm dá thuismitheoirí.

Tess is ainm dá dheirfiúr.

Brian is ainm dá dheartháir.

CEISTEANNA

1 Cad is ainm don bhuachaill nua? *(What is the new boy's name?)*
2 Cén aois é Ian? *(What age is Ian?)*
3 An bhfuil gruaig fhionn air? *(Does he have blond hair?)*
4 Cad is ainm do thusimitheoirí Ian? *(What are Ian's parents' names?)*
5 Cad is ainm do dheartháir Ian? *(What is Ian's brother's name?)*

FOCLÓIR

sráid *street*   fionn *blond*
tuismitheoirí *parents*
deirfiúr *sister*
deartháir *brother*

SEACHTAIN 1 • LÁ 1

Scoil Uí Riada

CEISTEANNA

1 Cad is ainm do scoil Callum? *(What is the name of Callum's school?)*
2 Cén rang ina bhfuil sé? *(What class is he in?)*
3 An scoil mhór í Scoil Uí Riada? *(Is Scoil Uí Riada a big school?)*
4 Cad is ainm do mhúinteoir Callum?
   (What is Callum's teacher called?)
5 Cén rang eile atá sa seomra ranga céanna le rang a ceathair?
   (What other class is in the same classroom as fourth class?)

FOCLÓIR

téim *I go*
príomhoide na scoile *school principal*
chomh maith *as well*
céanna *same*

Mo Theach

Seo é mo theach.
Tá mé i mo chónaí faoin tuath.
Tá teach dhá stór agam.
Tá feirm in aice leis an teach.
Tá dhá pháirc ar thaobh an tí.
Tá a lán ainmhithe éagsúla sna páirceanna.
Is bréa liom mo theach!

CEISTEANNA

1. Cá bhfuil an cailín ina cónaí? *(Where does the girl live?)*
2. An bhfuil teach dhá stór aici? *(Does she have a two-storey house?)*
3. Céard atá ar thaobh an tí? *(What is on the side of the house?)*
4. An bhfuil a lán ainmhithe sna páirceanna? *(Are there a lot of animals in the fields?)*
5. An maith léi a teach? *(Does she like her house?)*

FOCLÓIR

faoin tuath *in the countryside*
in aice *beside*
ar thaobh *on the side*
éagsúla *different*

SEACHTAIN 1 • LÁ 3

Ag Obair ar an bhFeirm

Gach lá i ndiaidh na scoile téim ag obair ar an bhfeirm. Caithim buataisí agus seanéadaí. Tugaim bia do na hainmhithe.

Glanaim amach na stáblaí.

Téann Daidí ar an tarracóir agus casann sé an chré sa talamh.

Cabhraím le Mamaí cáis a dhéanamh den bhainne.

CEISTEANNA

1. **Céard a dhéanann an cailín gach lá i ndiaidh na scoile?** *(What does the girl do every day after school?)*
2. **Céard a chaitheann sí?** *(What does she wear?)*
3. **Céard a thugann sí do na hainmhithe?** *(What does she give to the animals?)*
4. **An nglanann sí amach na stáblaí?** *(Does she clean out the stables?)*
5. **Cé a théann ar an tarracóir?** *(Who goes on the tractor?)*

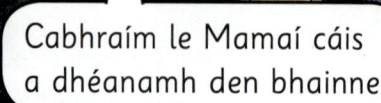

FOCLÓIR

seanéadaí *old clothes*
na stáblaí *the stables*   tarracóir *tractor*
casann sé an chré *he turns the soil*
cabhraím *I help*

SEACHTAIN 1 • LÁ 4

Éide Scoile Nua

Chuir Aisling na héadaí scoile nua uirthi agus d'imigh sí ar scoil go sona sásta.

CEISTEANNA

1 **Cén t-am é sa scéal?** *(What time is it in the story?)*
2 **Cad a rinne Mamaí nuair a d'oscail sí an doras?** *(What did Mammy do when she opened the door?)*
3 **An bhfuil éide scoile nua ag Aisling?** *(Does Aisling have a new school uniform?)*
4 **Cad a chuir Aisling uirthi?** *(What did Aisling put on?)*
5 **Cár imigh sí?** *(Where did she go?)*

FOCLÓIR

brostaigh — *hurry*
leathuair tar éis a hocht — *half past eight*
tar anseo — *come here*
tá fadhb agam — *I have a problem*
éide scoile nua — *new school uniform*

An Siopa Leabhar

Chuaigh Mamaí agus Luke go dtí an chathair inné.
Bhí leabhar mata ag teastáil ó Luke.

Chuaigh siad ó shiopa go siopa ag lorg an leabhair.
Ní raibh an leabhar ar fáil in aon siopa.

Bhí imní ar Mhamaí. Bhí tuirse ar Luke.
Ag a cúig a chlog, chuaigh siad isteach sa siopa deireanach.

Bhí an leabhar ann – bhí áthas an domhain ar Mhamaí.
Thug sí póg don siopadóir – bhí náire ar Luke.

CEISTEANNA

1. Cá ndeachaigh Mamaí agus Luke inné?
   (Where did Mammy and Luke go yesterday?)
2. Cad a bhí ag teastáil ó Luke? *(What did Luke need?)*
3. An raibh imní ar Mhamaí? *(Was Mammy worried?)*
4. Cá ndeachaigh Mamaí agus Luke ag a cúig a chlog?
   (Where did Luke and Mammy go at 5 o'clock?)
5. Cad a thug Mamaí don siopadóir?
   (What did Mammy give to the shopkeeper?)

FOCLÓIR

ag lorg *searching for*   imní *worry*
deireanach *last*   póg *kiss*
náire *embarrassment*
cá ndeachaigh Mamaí agus Luke? *where did Mammy and Luke go?*

SEACHTAIN 2 • LÁ 3

Ag Cur Síos ar an Aimsir

Bhí ceacht Gaeilge ar siúl i rang a ceathair.
Thug an múinteoir cárta do gach grúpa.
Bhí na páistí ag obair le chéile.
'Féach ar an bpictiúr – conas atá an aimsir?' a dúirt an múinteoir.

Tá sé scamallach agus dorcha.

Maith thú!

Tá an ghrian ag taitneamh agus tá sé te.

Maith thú!

Tá sé fuar agus tá sé ag cur sneachta.

Maith thú!

Féachaigí amach an fhuinneog …

Tá sé gaofar ach tá an ghrian ag taitneamh.

CEISTEANNA

1. **Cad a bhí ar siúl i rang a ceathair?**
   (What was going on in fourth class?)
2. **Cad a thug an múinteoir do gach grúpa?**
   (What did the teacher give to each group?)
3. **An raibh na páistí ag obair le chéile?**
   (Were the children working together?)
4. **Conas atá an aimsir sa chéad phictiúr?**
   (How is the weather in the first picture?)
5. **Conas atá an aimsir inniu?** (How is the weather today?)

FOCLÓIR

ceacht *lesson*   cárta *card*
ag obair le chéile *working together*
scamallach agus dorcha *cloudy and dark*
gaofar *windy*

SEACHTAIN 2 • LÁ 4

Tithe

Tá teach ag an seilide
Teach beag cruinn,
Tugann sé leis é
Ar a dhroim.

Tá teach ag an madra
Amuigh sa chlós
Doras breá mór ann
Gan aon fhuinneog.

Tá teach ag an spideog
Istigh i dtor,
Uibheacha beaga ann,
Éan ag gor.

Tithe deasa
Iad go léir
Ach is fearr go mór liom
Mo theach beag féin.

Údar anaithnid

FOCLÓIR	
seilide *snail*	cruinn *round*
droim *back*	sa chlós *in the yard*
spideog *robin*	i dtor *in a bush*
ag gor *hatching*	

GNÍOMH

Léigh agus foghlaim an dán. *(Read and learn the poem.)*

SEACHTAIN 3 • LÁ 1   9

Lá Baiste

Dé Sathairn atá ann.
Tá an chlann ar fad san eaglais do bhaisteadh mo dheirféar nua, Úna.
Tá gúna bán uirthi.
Tá mo thuismitheoirí ina seasamh in aice leis an sagart.
Tá athair baiste agus máthair bhaiste Úna ina seasamh in aice leis an sagart freisin.
Cuireann an sagart uisce coisricthe ar chloigeann Úna.
Tosaíonn sí ag caoineadh.
Tosaíonn mo thuismitheoirí ag mionghaire.

CEISTEANNA

1. **Cén lá atá ann?** *(What day is it?)*
2. **Cá bhfuil an chlann?** *(Where is the family?)*
3. **Cé atá ag seasamh is aice leis an sagart?** *(Who is standing beside the priest?)*
4. **Céard a chuireann an sagart ar chloigeann Úna?** *(What does the priest put on Úna's head?)*
5. **Céard a dhéanann Úna?** *(What does Úna do?)*

FOCLÓIR

eaglais *church*	baisteadh *christening*
sagart *priest*	
athair baiste agus máthair bhaiste *godfather and mother*	
uisce coisricthe *holy water*	
ag mionghaire *smiling*	

Craobh Ghinealaigh

Tá tionscnamh staire le déanamh ag rang a ceathair.
Craobh ghinealaigh is ea an tionscnamh.
Tá mo chlann ar fad sa chraobh ghinealaigh.
Tá mo bheirt deirfiúracha ann.
Tá mo dhearthair ann.
Tá mo Mhamaí, Daidí, aintín agus uncail ann.
Tá mo chol ceathraracha ann.
Tá mo sheantuismitheoirí ag barr na craoibhe ginealaigh.

CEISTEANNA

1 Céard atá le déanamh ag rang a ceathair?
  (What does fourth class have to do?)
2 Cén tionscnamh é? *(What is the project?)*
3 An bhfuil an chlann ar fad sa chraobh ghinealaigh?
  (Is the whole family in the family tree?)
4 An bhfuil aon chol ceathracha ann? *(Are there any cousins in it?)*
5 Cá bhfuil na seantuismitheoirí? *(Where are the grandparents?)*

FOCLÓIR

craobh ghinealaigh *family tree*
tionscnamh staire *history project*
col ceathracha *cousins*
seantuismitheoirí *grandparents*
ag barr *at the top*

Mo Chuid Comharsan

Tá mé i mo chónaí in eastát tithíochta.
Tá a lán tithe ann.
Tá teach ar gach taobh díom.
Tá comharsana an-deas agam.
Tá clann ar an taobh clé.
Clann Uí Bhua is ainm dóibh.
Tá grúpa cairde ar thaobh na láimhe deise.

CEISTEANNA

1 **Cá bhfuil sé ina chónaí?** *(Where is he living?)*
2 **An bhfuil a lán tithe ann?** *(Are there many houses there?)*
3 **An bhfuil na comharsana go deas?** *(Are the neighbours nice?)*
4 **Cé atá ar an taobh clé?** *(Who is on the left-hand side?)*
5 **Cé atá ar thaobh na láimhe deise?** *(Who is on the right-hand side)*

FOCLÓIR

comharsana *neighbours*
eastát tithíochta *housing estate*
gach taobh *every side*
an-deas *very nice*
taobh clé *left-hand side*
taobh na láimhe deise *right-hand side*

Scoil Faoin Tuath

Dia duit. Is mise Aaron agus seo í mo scoil.
Is scoil bheag í faoin tuath.
Tá mé i rang a ceathair.
Tá rang a trí, rang a ceathair, rang a cúig agus rang a sé sa seomra ranga le chéile.

Tá cúig pháiste is tríocha agus beirt mhúinteoirí sa scoil.
Tá mo chol ceathrar i scoil mhór i mBaile Átha Cliath.
Tá cúig chéad dalta inti.
Is breá liom mo scoil bheag faoin tuath.

CEISTEANNA

1 **Cén rang ina bhfuil Aaron?** *(What class is Aaron in?)*
2 **Cé mhéad páiste atá sa scoil?** *(How many children are in the school?)*
3 **Cé mhéad múinteoir atá sa scoil?** *(How many teachers are in the school?)*
4 **Cén sórt scoile í?** *(What sort of school is it?)*
5 **Cén rang ina bhfuil tú féin?** *(What class are you in?)*

FOCLÓIR

tríocha cúig *thirty-five*
mo chol ceathrar *my cousin*
cúig chéad *five hundred*   dalta *pupil*

Leabhar Iontach

Bhí sé a naoi a chlog san oíche. Las Ailis an solas agus chuaigh sí isteach sa leaba.

Tá leabhar iontach aici agus thosaigh sí á léamh.

Tar éis cúpla nóiméad shiúil Daidí isteach. Thug sé póg di agus mhúch sé an solas.

Ach bhí tóirse ag Ailis, thosaigh sí ag léamh arís faoin mblaincéad.

CEISTEANNA

1. **Cén t-am é sa scéal?** *(What time is it in the story?)*
2. **Cad a rinne Ailis?** *(What did Ailis do?)*
3. **Cad a bhí aici?** *(What did she have?)*
4. **Cad a rinne Daidí?** *(What did Daddy do?)*
5. **An raibh tóirse ag Daidí?** *(Did Daddy have a torch?)*

FOCLÓIR

leabhar iontach *amazing book*
las an solas *turn on the light*
múch an solas *turn off the light*
tóirse *torch*
faoin mblaincéad *under the blanket*

Lón Amy

An Luan a bhí ann.
Bhí sé a ceathrú tar éis a hocht ar maidin.
Bhí Amy agus a deartháir sa chistin.
Thosaigh Amy ag déanamh ceapaire.

Thóg sí píosa aráin agus chuir sí im air.

Ansin chuir sí cáis...

... agus tráta ar an arán.

Chuir sí píosa aráin eile ar an mbarr.

Haigh!

Tá ocras orm freisin!

CEISTEANNA

1 **Cén lá a bhí ann?** *(What day was it?)*
2 **Cá raibh Amy?** *(Where was Amy?)*
3 **Ar chuir Amy im ar an arán?**
   (Did Amy put butter on the bread?)
4 **Ar chuir sí subh sa cheapaire?**
   (Did she put jam in the sandwich?)
5 **An raibh ocras ar a deartháir?** *(Was her brother hungry?)*

FOCLÓIR

ceathrú tar éis a hocht *a quarter past eight*
ceapaire *sandwich*   **tráta** *tomato*
ar an mbarr *on the top*

SEACHTAIN **4** • LÁ **3**

Gach Oíche

Is maith liom a bheith ag fáil réidh don leaba.

Scuabaim mo chuid fiacla.

Glanaim mo lámha agus m'aghaidh.

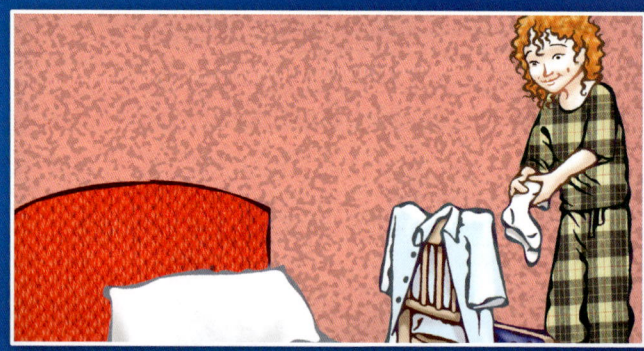
Réitím m'éide scoile don mhaidin.

Léimim isteach sa leaba agus bím ag léamh.

Tar éis tamaill, téim a chodladh.

CEISTEANNA

1. Cad a chuireann an cailín uirthi féin?
   (What does the girl put on?)
2. An scuabann sí a cuid fiacla?
   (Does she brush her teeth?)
3. An nglanann sí a cuid gruaige?
   (Does she clean her hair?)
4. Cad a réitíonn sí don mhaidin?
   (What does she get ready for the morning?)
5. An dtéann sí a chodladh? (Does she go to sleep?)

FOCLÓIR

ag fáil réidh don leaba *getting ready for bed*
cuirim *I put*   scuabaim *I brush*
glanaim *I clean*
réitím m'éide scoile *I get my school uniform ready*

16 SEACHTAIN 4 • LÁ 4

Bronntanais do Mhamó

Tá breithlá Mhamó ag teacht. Tá na páistí ag ceannach bronntanais di. Ceannaíonn siad bláthanna agus pota sa siopa bláthanna.

Cuireann siad na bláthanna ar fad sa phota.
Tugann Mamaí cabhair dóibh.

Déanann siad cárta áille.
Tá siad sona sásta leo féin.

CEISTEANNA

1. Céard atá ag teacht? *(What is coming?)*
2. Céard a cheannaíonn na páistí? *(What do the children buy?)*
3. Céard a chuireann siad sa phota? *(What do they put in the pot?)*
4. Cé a thugann cabhair dóibh? *(Who helps them?)*
5. An bhfuil siad sona sásta leo féin? *(Are they happy with themselves?)*

FOCLÓIR

ag teacht *coming*
bronntanais *presents*
bláthanna *flowers*
cabhair *help*
cárta áille *lovely card*

Lá Gaofar

Tá Mamaí, Daidí agus na páistí ag ullmhú do bhreithlá Mhamó.
Cuireann siad suas balúin agus maisiúcháin sa ghairdín.
Ach séideann an ghaoth agus téann na maisiúcháin ar fud na háite.
Ritheann Mamaí ina ndiaidh.
Tá fearg mhór uirthi.
Tosaíonn na páistí ag gáire.

CEISTEANNA

1. Céard dó a bhfuil Mamaí, Daidí agus na páistí ag ullmhú? *(What are Mammy, Daddy and the children preparing for?)*
2. Céard a chuireann siad suas? *(What do they put up?)*
3. Céard a dhéanann an ghaoth? *(What does the wind do?)*
4. An bhfuil fearg ar Mhamaí? *(Is Mammy angry?)*
5. Céard a dhéanann na páistí? *(What do the children do?)*

FOCLÓIR

ag ullmhú *preparing*
maisiúcháin *decorations*
séideann an ghaoth *the wind blows*
ar fud na háite *all over the place*

Breithlá Mhamó

Inniu Dé hAoine, an seachtú lá de Dheireadh Fómhair.
Breithlá Mhamó atá ann.
Buaileann an chlann ar fad le chéile chun ceiliúradh a dhéanamh léi.
Tugann gach duine bronntanas do Mhamó.
Tá cáca breithe álainn déanta ag Mamaí.
Tá áthas ar gach duine.

CEISTEANNA

1. **Cén dáta atá ann?** *(What date is it?)*
2. **An mbuaileann an chlann ar fad le chéile?** *(Does the family all meet up?)*
3. **Céard a thugann gach duine do Mhamó?** *(What does everyone give to Granny?)*
4. **Cé a rinne an cáca?** *(Who made the cake?)*
5. **An bhfuil áthas ar gach duine?** *(Is everyone happy?)*

FOCLÓIR

Deireadh Fómhair *October*
bualadh le chéile *to meet up*
ceiliúradh a dhéanamh *to celebrate*

Clár Ama Scannán

Chuaigh na páistí go dtí an phictúrlann.
Bhí rogha mhór de scannáin ar fáil.
Bhí scannán grinn ar siúl ag a dó a chlog ar scáileán a haon.
Bhí scannán aicsin ar siúl ag a trí a chlog ar scáileán a dó.
Bhí scannán fíorscéal ar siúl ag leathuair tar éis a dó ar scáileán a trí.
Roghnaigh siad an scannán aicsin.

CEISTEANNA

1. Cá ndeachaigh na páistí? *(Where did the children go?)*
2. Cén scannán a bhí ar siúl ar scáileán a haon?
   (What film was on in screen one?)
3. Cén scannán a bhí ar siúl ag a trí a chlog?
   (What film was on at three o'clock?)
4. Cén scannán a bhí ar siúl ar scáileán a trí?
   (What film was on in screen three?)
5. Cén scannán a roghnaigh na páistí?
   (What film did the children choose?)

FOCLÓIR

scannán *film*
scáileán *screen*
scannán aicsin *action film*
fíorscéal *true story*
leathuair tar éis *half past*
rogha mhór *big choice*
scannán grinn *comedy film*

SEACHTAIN 5 • LÁ 4

Gach Lá

Gach lá siúlaim abhaile ón scoil.

Ithim béile beag. Tosaím ag déanamh mo chuid obair bhaile.

Ina dhiaidh sin, cuirim an teilifís ar siúl.

Féachaim ar na cartúin. Is breá liom an teilifís.

Tar éis leathuaire téim amach le mo chara Seán.

Imrím cluiche peile le mo chairde amuigh sa ghairdín.
Is breá liom an teilifís ach is fearr liom an gairdín.

CEISTEANNA

Céard a dhéanann Jake gach lá?
1. Siúlann sé _____
2. Itheann sé _____
3. Tosaíonn sé _____
4. Cuireann sé _____
5. Imríonn sé _____

FOCLÓIR

siúlaim / walk	ithim / eat		
tosaím / begin	cuirim / put		
féachaim / watch	téim / go	imrím / play	

SEACHTAIN 6 • LÁ 1

Réamhaisnéis na hAimsire

Seo réamhaisnéis na haimsire.
Beidh lá breá ann amárach.
Beidh sé tirim agus grianmhar.
Beidh sé geal agus te.
Ní bheidh sé ag cur báistí.
Beidh an aimsir mar seo don tseachtain ar fad.
Bain taitneamh as! Slán go fóill!

CEISTEANNA

Ceist nua An mbeidh? Beidh/Ní bheidh.

1. Conas a bheidh an lá amárach? *(How will the day be tomorrow?)*
2. An mbeidh sé tirim nó fliuch? *(Will it be dry or wet?)*
3. An mbeidh sé geal nó dorcha? *(Will it be bright or dark?)*
4. An mbeidh sé ag cur báistí? *(Will it be raining?)*
5. An mbeidh an aimsir mar seo don bhlian ar fad? *(Will the weather be like this for the whole year?)*

FOCLÓIR

réamhaisnéis na haimsire *weather forecast*
beidh sé *it will be*   **geal** *bright*
ní bheidh sé *it will not be*
mar seo don tseachtain *like this for the week*

SEACHTAIN **6** • LÁ **2**

Liosta Siopadóireachta

Deochanna
Grán rósta
Torthaí
Balúin
Cáca lá breithe
Sceallóga
Ispíní
Píotsa

Bhí cóisir lá breithe Rhea ag teacht.
Bhí Rhea agus a tuismitheoirí ag dul ag siopadóireacht.
Bhí liosta siopadóireachta aici.

Fuair Rhea gach rud a bhí ar an liosta agus málaí féasta chomh maith. Cheannaigh Mamaí agus Daidí brontannas deas di freisin.

Bhí sceitimíní áthais uirthi. Chuaigh sí abhaile go sona sásta.

CEISTEANNA

1 **Cá raibh Rhea ag dul?** (Where was Rhea going?)
2 **Cé a bhí ag dul ag siopadóireacht?** (Who was going shopping?)
3 **Céard a bhí ag Rhea?** (What did Rhea have?)
4 **An bhfuair sí gach rud?** (Did she get everything?)
5 **Céard a cheannaigh Mamaí agus Daidí di?** (What did Mammy and Daddy buy for her?)

FOCLÓIR

grán rósta *popcorn*   sceallóga *chips*
ispíní *sausages*   málaí féasta *party bags*
bhí sceitimíní áthais uirthi *she was delighted*

SEACHTAIN 6 • LÁ 3 • 23

Cluiche – Cé mise?

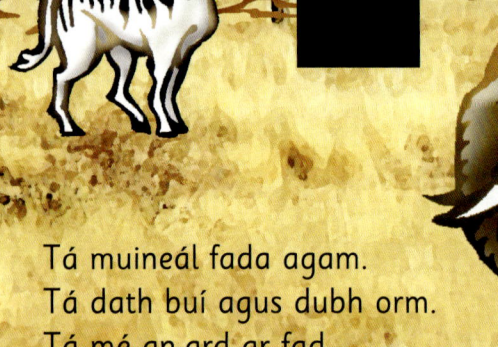

Tá muineál fada agam.
Tá dath buí agus dubh orm.
Tá mé an-ard ar fad.
Feictear san Afraic nó sa zú mé.
Cé mise?

Tá eireaball agam.
Tá ceithre cosa agam.
Is maith liom cnámha a ithe.
Is maith liom a bheith ag rith.
Tosaím ag tafann nuair a fheicim cat.
Cé mise?

CEISTEANNA

1 **Céard é an t-ainmhí i bpictiúr a haon?**
(What is the animal in picture 1?)
2 **An bhfuil muineál fada aige?**
(Does he have a long neck?)
3 **Cén dath atá air?** (What colour is he?)
4 **Cá bhfeictear é?** (Where can he be seen?)
5 **Céard é an t-ainmhí i bpictiúr a dó?**
(What is the animal in picture 2?)
6 **An bhfuil eireaball aige?** (Does he have a tail?)
7 **An maith leis cnámha a ithe?**
(Does he like to eat bones?)

FOCLÓIR

muineál neck   **feictear é** it can be seen
eireaball tail   **cnámh** bone   **ag tafann** barking

SEACHTAIN 6 • LÁ 4

An Dinnéar is Fearr Linn

Cad é an dinnéar is fearr leat?

Feoil, Glasraí & Prátaí	Curaí & Rís	Pasta & Anlann	Iasc & Sceallóga
ℍℍ III	ℍℍ ℍℍ	ℍℍ ℍℍ III	ℍℍ II

Dúirt an múinteoir leis an rang, 'Scríobh síos an dinnéar is fearr leat.'
Rinne rang a ceathair suirbhé. Chuir siad an t-eolas ar an gclár bán.
'A mhúinteoir, cad é an dinnéar is fearr leat?' a dúirt dalta amháin.
'Is breá liom curaí agus rís,' a dúirt an múinteoir.
'Is é pasta agus anlann an dinnéar is fearr le rang a ceathair,' a dúirt dalta eile.

CEISTEANNA

1 **Céard a dúirt an múinteoir leis an rang?**
(What did the teacher say to the class?)

2 **Céard a rinne rang a ceathair leis an eolas?**
(What did fourth class do with the information?)

3 **Cad é an dinnéar is fearr leis an múinteoir?**
(What is the teacher's favourite dinner?)

4 **Cad é an dinnéar is fearr le rang a ceathair?**
(What is fourth class's favourite dinner?)

5 **Cad é an dinnéar is fearr leat?**
(What is your favourite dinner?)

FOCLÓIR

an dinnéar is fearr linn *our favourite dinner*
suirbhé *survey*   **eolas** *information*
dalta *pupil*   **anlann** *sauce*   **eile** *other*

Cártaí Peile agus Stampaí

Ní cheadaítear aon daoine fasta!

Tá club ag na páistí i dteach Hugh.
Buaileann siad le chéile ann gach tráthnóna ag a cúig a chlog.
Ní cheadaítear daoine fásta ann – fiú amháin Mamaí Hugh!
Bailíonn na buachaillí ar fad cártaí peile agus stampaí.
Déanann siad malartú leis na cártaí agus stampaí.
Imríonn siad cluichí ar an ríomhaire.

CEISTEANNA

1. **Cá bhfuil an club?** *(Where is the club?)*
2. **Cén uair a bhuaileann siad le chéile?** *(When do they meet?)*
3. **An gceadaítear aon daoine fásta ann?** *(Are any grown-ups allowed there?)*
4. **Céard a bhailíonn na buachaillí ar fad?** *(What do all the boys collect?)*
5. **An imríonn siad cluichí ar an ríomhaire?** *(Do they play games on the computer?)*

FOCLÓIR

tráthnóna *evening*
ní cheadaítear daoine fásta *no grown-ups are allowed*
fiú amháin *even*   bailíonn said *they collect*
malartú *swop*   ríomhaire *computer*

SEACHTAIN 7 • LÁ 2

Áiseanna

Tá Róisín ina cónaí i mbaile mór.
Tá an-chuid áiseanna ann.
Tá club spóirt ann le linn snámha, páirc peile agus cúirteanna leadóige.
Tá eaglais agus leabharlann ann.
Tá cúpla bialann éagsúil ann agus tá a lán siopaí ann chomh maith.

CEISTEANNA

1 **Cá bhfuil Róisín ina cónaí?** *(Where does Róisín live?)*
2 **An bhfuil an-chuid áiseanna ann?** *(Are there lots of facilities there?)*
3 **Céard atá sa chlub spóirt?** *(What is in the sports club?)*
4 **An bhfuil eaglais agus leabharlann ann?**
   (Is there a church and a library there?)
5 **An bhfuil aon bhialann ann?** *(Are there any restaurants there?)*

FOCLÓIR

áiseanna *facilities*
club spóirt *sports club*
cúirteanna leadóige *tennis courts*
eaglais *church*
leabharlann *library*
bialann *restaurant*

SEACHTAIN 7 • LÁ 4

An Fómhar

Is breá liom an fómhar. Is breá liom an aimsir agus na dathanna áille.
Ní bhíonn an aimsir rófhuar agus bíonn sé geal.
Bíonn na duilleoga ag titim agus téann an ghráinneog a chodladh.
Bíonn na hoícheanta ag dul i bhfad.
Is aoibhinn liom an trá san fhómhar.
Bíonn sí ciúin, níl sí dubh le daoine.
Is maith liom a bheith ag siúl san fhómhar.

CEISTEANNA

1. Cén séasúr atá ann? *(What season is it?)*
2. Conas a bhíonn an aimsir san fhómhar? *(What is the weather like in autumn?)*
3. Cé a théann a chodladh? *(Who goes to sleep?)*
4. An mbíonn na laethanta ag dul i bhfad? *(Do the days get longer?)*
5. Conas atá an trá san fhómhar? *(How is the beach in autumn?)*

FOCLÓIR

duilleoga *leaves*	gráinneog *hedgehog*
na hoícheanta *the nights*	ag dul i bhfad *getting longer*
is aoibhinn liom... *I love...*	dubh le daoine *crowded*

SEACHTAIN **8** • LÁ **1**

Masc d'Oíche Shamhna

Tá píosa cárta, peann luaidhe, siosúr, péint agus banda ag teastáil

Céimeanna

1 Faigh píosa cárta agus peann luaidhe agus tarraing aghaidh uafáis.

2 Faigh siosúr agus gearr amach an aghaidh. Bí cúramach leis an siosúr nó faigh duine fásta.

3 Gearr amach súile, srón agus béal.

4 Dathaigh an masc agus fág é.

5 Nuair a bhíonn sé tirim cuir poll beag i ngach taobh agus ceangail banda den mhasc.

6 Tá tú réidh d'Oíche Shamhna. Ar fheabhas!

CEISTEANNA

1. Cad iad na rudaí atá ag teastáil? *(What are the things you need?)*
2. Cad é céim a haon? *(What is the first step?)*
3. Cad é céim a dó? *(What is the second step?)*
4. Cad a ghearrann tú amach? *(What do you cut out?)*
5. Cá gcuireann tú poll beag? *(Where do you put a small hole?)*

FOCLÓIR

tarraing *draw*
aghaidh uafáis *scary face*
dathaigh *colour* ceangail *tie*
ar fheabhas! *excellent!*

SEACHTAIN 8 • LÁ 2

Oíche Shamhna

Oíche Shamhna a bhí ann.
Bhí gach duine ón mbaile ag an tine chnámh.
Bhí siad ag caint agus ag gáire le chéile.
Bhí gach duine gléasta mar thaibhsí, nó vaimpirí nó chailleacha.
Bhí cúpla cailín óg gléasta mar shióga.
Bhí tinte ealaíne go hard sa spéir.
Bhí iontas agus áthas ar gach duine.
Oíche an-speisialta a bhí ann.

CEISTEANNA

1. Cén oíche a bhí ann? *(What night was it?)*
2. Cá raibh gach duine? *(Where was everyone?)*
3. Conas a bhí siad gléasta? *(How were they dressed?)*
4. Cad a bhí go hard sa spéir? *(What was high in the sky?)*
5. Cén sórt oíche a bhí ann? *(What sort of night was it?)*

FOCLÓIR

tine chnámh *bonfire*   gléasta *dressed*
taibhsí *ghosts*   cailleacha *witches*
sióga *fairies*   tinte ealaíne *fireworks*
an-speisialta *very special*

Féasta Oíche Shamhna

Maidin Dé Sathairn a bhí ann.
Bhí féasta Oíche Shamhna ag Mamaí, Daidí agus na páistí an oíche roimhe sin.
D'éirigh Mamaí ag a hocht a chlog agus shiúil sí síos an staighre.
Bhí brón uirthi nuair a chonaic sí an teach.
'Téigh ar ais go dtí do leaba,' arsa Daidí.

Bhí Daidí agus na páistí ag obair go dian ar feadh dhá uair an chloig.
D'éirigh Mamaí arís.
Thug sí buíochas agus póg do Dhaidí agus do na páistí.

CEISTEANNA

1. Cén mhaidin a bhí ann? *(What morning was it?)*
2. Cad a bhí ag Mamaí agus Daidí an oíche roimhe sin?
   (What did Mammy and Daddy have the night before?)
3. Cén t-am a d'éirigh Mamaí? *(What time did Mammy get up?)*
4. Cad a dúirt Daidí? *(What did Daddy say?)*
5. Cad a thug Mamaí do Dhaidí agus do na páistí?
   (What did Mammy give to Daddy and the children?)

FOCLÓIR

féasta *party* **staighre** *stairs*
ag obair go dian *working hard*
buíochas *thanks*

Léirmheas Leabhair

Bhí rang a ceathair sa leabharlann.
Bhí léirmheas leabhair á dhéanamh acu.
'Is é seo an leabhar is fearr liom riamh,' a dúirt dalta amháin.
'Bhí sé greannmhar, suimiúil agus thaitin na carachtair liom,' a dúirt sí.
'Tugaim an marc a deich as a deich dó!'
'An-mhaith,' arsa an múinteoir.
Thug an rang bualadh bos don chailín.

CEISTEANNA

1. Cén rang a bhí sa leabharlann?
   (What class was in the library?)
2. Céard a bhí ar siúl acu? *(What were they doing?)*
3. Cén marc as a deich a thug an dalta don leabhar?
   (What mark out of ten did the pupil give the book?)
4. Ar thug an rang bualadh bos di?
   (Did the class give her a round of applause?)

FOCLÓIR

léirmheas leabhair *book review*
riamh *ever*   greannmhar *funny*
suimiúil *interesting*   bualadh bos *applause*

SEACHTAIN 9 • LÁ 1

Briste

Ó, mo Mhamaí,
Mo Mhamaí cliste,
Níl tuairim dá laghad agat,
Go bhfuil an teilifís briste!

Tá mo dheirfiúr mhór
Ag ní sa chith,
Ach Sorcha bhocht reoite,
Níl aon uisce te ar bith!

Ní oibríonn an ríomhaire
Sa seomra suí,
Is tá Daidí bocht ag siúl leis
Timpeall an tí!

Le Ellie Ní Mhurchú

FOCLÓIR

cliste *clever*
níl tuairim dá laghad agat *you have no clue*
briste *broken*   cith *shower*
reoite *frozen*   ar bith *at all*
timpeall an tí *around the house*

GNÍOMH

Léigh agus foghlaim an dán. (Read and learn the poem.)

Crannchur Mór

Bhí crannchur mór ar siúl sa scoil.
Dhíol rang a sé na ticéid ar fad.
Bhailigh na páistí, na múinteoirí agus na tuismitheoirí ar fad sa halla.
Bhí ciséan mór, lán le bia álainn ar an stáitse.
Bhí gach duine ar bís.
Ghlaoigh an príomhoide amach ainm an duine a bhuaigh an crannchur.

CEISTEANNA

1 Céard a bhí ar siúl sa scoil? *(What was on in the school?)*
2 Cé a dhíol na ticéid? *(Who sold the tickets?)*
3 Cé a bhailigh sa halla? *(Who assembled in the hall?)*
4 Céard a bhí ar an stáitse? *(What was on the stage?)*
5 Céard a ghlaoigh an príomhoide amach? *(What did the principal call out?)*

FOCLÓIR

crannchur *raffle*
bhailigh *assembled*
ciséan *basket*
bia álainn *lovely food*
stáitse *stage*
ghlaoigh *called*
bhuaigh *won*

SEACHTAIN **9** • LÁ **3**

Rang Ealaíne

Is breá le Manu an ealaín.
Téann sé chuig ranganna ealaíne gach Aoine sa mheánscoil.
Tá Manu ar fheabhas ag tarraingt.
Inniu, sa rang ealaíne tá siad ag déanamh pictiúir den fharraige agus de na sléibhte.
Tá breithlá Mhamaí ag teacht agus is é seo a bhronntanas di.

CEISTEANNA

1 **An maith le Manu an ealaín?** *(Does Manu like art?)*
2 **Céard a dhéanann sé gach Aoine?**
   (What does he do every Friday?)
3 **An bhfuil Manu go maith ag tarraingt?**
   (Is Manu good at drawing?)
4 **Céard atá ar siúl acu inniu sa rang ealaíne?**
   (What are they doing in the art class today?)
5 **Cé dó a bhfuil Manu ag déanamh an phictiúir?**
   (For whom is Manu doing the picture?)

FOCLÓIR

ealaín *art*   meánscoil *secondary school*
ag tarraingt *drawing*   farraige *sea*
sléibhte *mountains*   ag teacht *coming*

SEACHTAIN 9 • LÁ 4

An tAm

Dúisíonn Síofra ag a leathuair tar éis a seacht gach maidin.

Éiríonn sí ag a ceathrú chun a hocht.

Itheann sí a bricfeasta ag a hocht a chlog.

Glanann sí a cuid fiacla ag a ceathrú tar éis a hocht.

Déanann sí a lón ag a leathuair tar éis a hocht.

Téann sí ar scoil ag a fiche chun a naoi.

Tagann sí abhaile ag a trí a chlog gach tráthnóna.

CEISTEANNA

1. Cén t-am a dhúisíonn Síofra?
   (What time does Síofra wake up?)
2. Cén t-am a éiríonn sí? (What time does she get up?)
3. Cén t-am a itheann sí a bricfeasta?
   (What time does she eat her breakfast?)
4. Cad a dhéanann sí ag a leathuair tar éis a hocht?
   (What does she do at half past eight?)
5. Cá dtéann sí ag a fiche chun a naoi?
   (Where does she go at twenty to nine?)

FOCLÓIR

dúisíonn Síofra *Síofra wakes*
éiríonn sí *she gets up*
itheann sí *she eats*
glanann sí *she cleans*
déanann sí *she makes*
téann sí *she goes*
tagann sí *she comes*

SEACHTAIN 10 • LÁ 1

Éadaí Tirime

Bhí Cormac agus Conor ag siúl abhaile ón scoil.
Go tobann, tháinig scamaill mhóra dhubha.

Thosaigh sé ag stealladh báistí.
Rith siad abhaile ar nós na gaoithe.

Bhí na héidí scoile fliuch go craiceann.
'Rithigí suas an staighre agus cuirigí éadaí tirime oraibh,' arsa Mamaí.

Shiúil siad síos an staighre ina gcuid pitséamaí.
Bhí siad tirim agus te ansin.

CEISTEANNA

1 **An raibh Cormac agus Conor ag siúl go dtí an siopa?**
   (Were Cormac and Conor walking to the shop?)
2 **Cad a tharla go tobann?** *(What happened suddenly?)*
3 **Ar rith siad abhaile go mall nó go tapaidh?**
   (Did they run home slowly or quickly?)
4 **Cad a dúirt Mamaí?** *(What did Mammy say?)*
5 **Ar shiúil siad suas an staighre ina gcuid pitséamaí?**
   (Did they walk up the stairs in their pyjamas?)

FOCLÓIR

éadaí tirime *dry clothes*
abhaile ón scoil *home from school*
go tobann *suddenly*
scamaill *clouds*   **ag stealladh báistí** *lashing rain*
ar nós na gaoithe *as fast as the wind*
fliuch go craiceann *soaked to the skin*

Cé Mhéad?

Gach deireadh seachtaine déanaim a lán oibre sa teach. Glanaim mo sheomra agus ním na gréithe.

Tugann Mamaí airgead dom gach Satharn. Téim síos an bóthar go dtí an siopa nuachtán.

Dia duit, cé mhéad atá ar na cártaí?

Dhá euro.

Cé mhéad atá ar na pinn?

Cúig euro.

Cé mhéad atá ar na cluichí?

Aon euro dhéag.

Ba mhaith liom na cártaí, go raibh maith agat.

CEISTEANNA

1 **Cad a dhéanann an buachaill gach deireadh seachtaine?** *(What does the boy do every weekend?)*
2 **Cad a ghlanann sé?** *(What does he clean?)*
3 **Cad a níonn sé?** *(What does he wash?)*
4 **Cá dtéann sé?** *(Where does he go?)*
5 **Cé mhéad atá ar na cártaí?** *(How much are the cards?)*

FOCLÓIR

cé mhéad? *how much?*
glanaim *I clean*   **ním** *I wash*
na gréithre *the dishes*
siopa nuachtán *newsagent's shop*

SEACHTAIN 10 • LÁ 3

An Bia is Fearr Liom

Cad a itheann tú don bhricfeasta?

Ithim múslaí agus tósta don bhricfeasta.

Cad a itheann tú don lón?

Ithim ceapaire agus úll don lón.

Cad a itheann tú don dinnéar?

Ithim a lán rudaí. Is maith liom sicín agus rís, ach is fearr liom burgair agus sailéad.

Cad é an bia is fearr leat?

Is breá liom iasc agus sceallóga ach is fearr liom curaí sicín.

CEISTEANNA

1 **Cad a itheann Janie don bhricfeasta?** *(What does Janie eat for breakfast?)*
2 **Cad a itheann Laura don lón?** *(What does Laura eat for lunch?)*
3 **Cad a itheann Noah don dinnéar?** *(What does Noah eat for dinner?)*
4 **Cad é an bia is fearr le Ronán?** *(What is the food Ronán likes best?)*
5 **Cad é an bia is fearr leat?** *(What is your favourite food?)*

FOCLÓIR

múslaí *muesli*
tósta *toast*
lón *lunch*   **iasc** *fish*

Turas Scoile

Lá fliuch, dorcha atá ann, ach tá rang a ceathair ar bís.
Tá siad ag dul ar thuras scoile.
Tá siad ag dul go dtí Caisleán Bhaile Átha Troim.
Rinne siad staidéar ar na Normannaigh i mbliana agus bhí an-suim acu iontu.
Is breá leo an stair.

CEISTEANNA

1. **Cén saghas lae a bhí ann?** *(What type of day was it?)*
2. **Cá raibh rang a ceathair ag dul?** *(Where was fourth class going?)*
3. **Céard air a ndearna siad staidéar i mbliana?** *(What did they study this year?)*
4. **An maith leo an stair?** *(Do they like history?)*

FOCLÓIR

turas scoile	*school tour*	dorcha	*dark*
rinne siad staidéar	*they studied*		
i mbliana	*this year*	stair	*history*

SEACHTAIN 11 • LÁ 1

Bréagáin san Oíche 1

Lár na hoíche a bhí ann.
Bhí Grace sa leaba ina codladh.
Bhí sí ag brionglóidíocht.
Go tobann, chuala sí guth beag in aice léi.
D'fhéach sí timpeall an tseomra.
Thosaigh sí ag gáire.
Bhí a bréagáin ar fad ag spraoi!

CEISTEANNA

1 Cén t-am a bhí ann? *(What time was it?)*
2 An raibh Grace ina codladh? *(Was Grace asleep?)*
3 Céard a tharla go tobann?
(What happened suddenly?)
4 Ar thosaigh sí ag gáire? *(Did she start laughing?)*
5 Céard a bhí na breagáin ag déanamh?
(What were the toys doing?)

FOCLÓIR

lár na hoíche *middle of the night*
ag brionglóidíocht *dreaming*   **guth beag** *small voice*
thosaigh sí *she started*   **ag spraoi** *playing*

Bréagáin san Oíche 2

Thosaigh teidí ag caint ar dtús.
Ansin thosaigh na bábóga ag gáire agus ag damhsa timpeall an tseomra.
Thosaigh Grace ag spraoi agus ag caint leo.

Tar éis tamaill stop an chaint, stop an damhsa agus stop an gáire.
Dhúisigh Grace, shuigh sí suas agus léim sí den leaba.
Bhí an seomra ciúin.

CEISTEANNA

1. Cé a thosaigh ag caint ar dtús? *(Who started talking first?)*
2. Cé a thosaigh ag gáire agus ag damhsa? *(Who started dancing and laughing?)*
3. Céard a rinne Grace? *(What did Grace do?)*
4. Ar stop an chaint? *(Did the talking stop?)*
5. An raibh an seomra ciúin? *(Was the room quiet?)*

FOCLÓIR

ar dtús *first* bábóga *dolls*
ag damhsa *dancing*
tar éis tamaill *after a while*
dhúisigh Grace *Grace woke up*

SEACHTAIN 11 • LÁ 3

CLUB NA GAEILGE

Cá háit?
Halla na Scoile

Cén lá?
Gach Aoine

Cén t-am?
6 a chlog

Táille: €5

Beidh fáilte roimh gach duine ó rang a ceathair agus rang a cúig.
Beidh a lán cluichí le himirt agus beidh tae agus brioscaí ar fáil.
Beidh turas ar siúl gach mí.
Baileoidh Iníon de Staic na hiarratais ar an Luan.

CEISTEANNA

1. **Cá mbeidh an Club Gaeilge ar siúl?**
   (Where will the Irish Club be on?) Beidh an Club Gaeilge ar siúl _____ _____ _____ _____.
2. **Cé rompu a mbeidh fáilte?** *(Who will be welcome?)*
3. **Céard a bheidh ar fáil ann?** *(What will be available at it?)*
4. **An mbeidh turas ar siúl gach mí?**
   (Will there be a trip every month?)
5. **Cé a bhaileoidh na hiarratais?** *(Who will collect the forms?)*

FOCLÓIR

cá háit? *where?*
halla na scoile *school hall*
táille *fee*   **baileoidh** *will collect*
iarratais *applications*

An Phictiúrlann

Bhí Sorcha agus Amy ag dul go dtí an phictiúrlann. Bhí scannán grinn ar siúl ar a fiche tar éis a seacht. Bhí siad ag bualadh le Caroline ag a seacht a chlog.

Cheannaigh na cailíní na ticéid ag an oifig.

Cheannaigh siad grán rósta agus deochanna.

Chuaigh siad isteach agus shuigh siad síos go ciúin.

Thaitin an scannán go mór leo.

CEISTEANNA

1. Cá raibh Sorcha agus Amy ag dul? *(Where were Sorcha and Amy going?)*
2. Cén sórt scannáin a bhí ar siúl? *(What sort of movie was on?)*
3. Cén t-am a bhí sé ar siúl? *(What time was it on?)*
4. Cad a cheannaigh na cailíní ag an oifig? *(What did the girls buy at the office?)*
5. Ar thaitin an scannán leo? *(Did they like the movie?)*

FOCLÓIR

scannán grinn *comedy film*
cheannaigh siad *they bought*
grán rósta *popcorn*
ag bualadh le *meeting*

SEACHTAIN 12 • LÁ 1

Caisleán na Blarnan

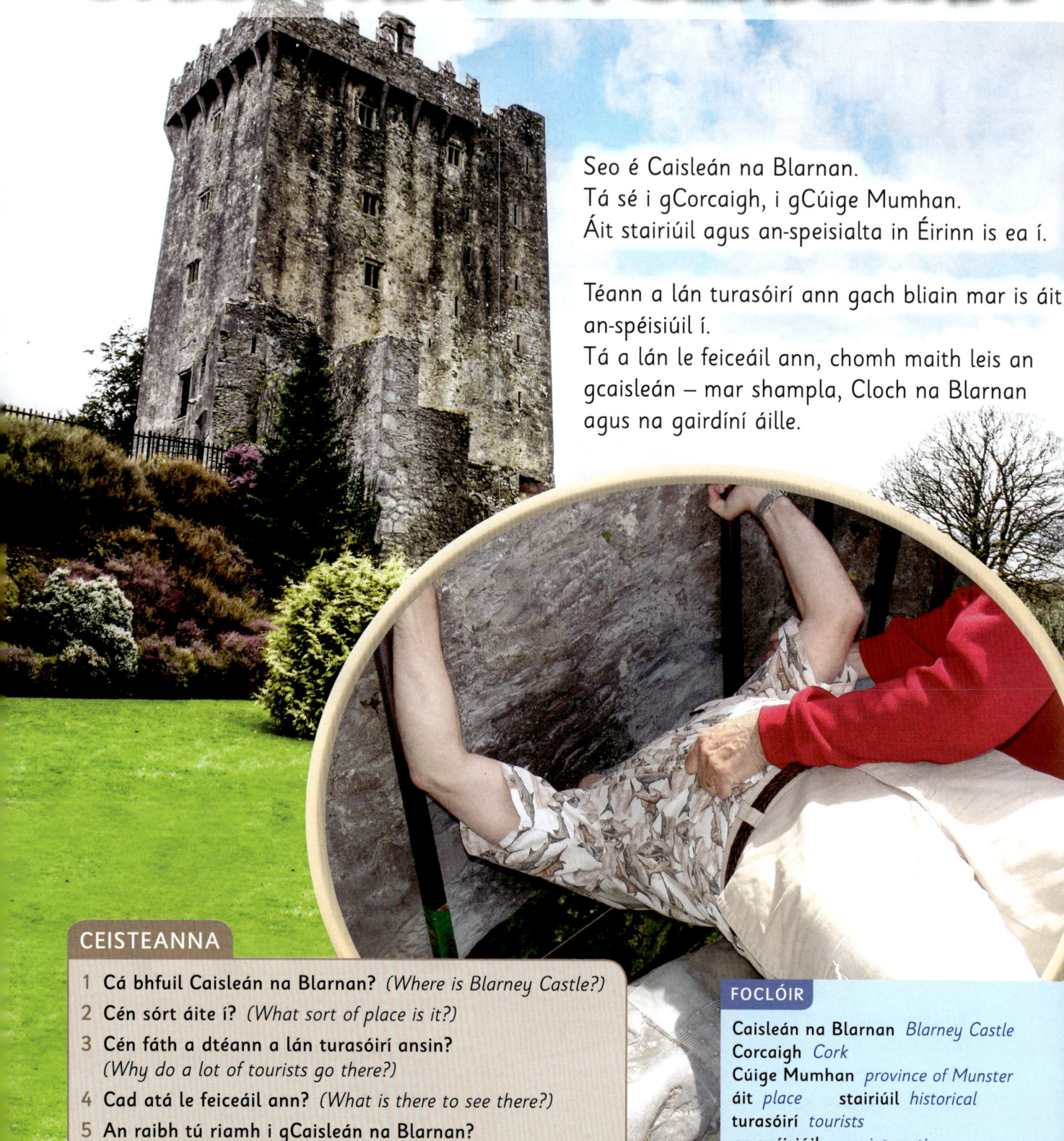

Seo é Caisleán na Blarnan.
Tá sé i gCorcaigh, i gCúige Mumhan.
Áit stairiúil agus an-speisialta in Éirinn is ea í.

Téann a lán turasóirí ann gach bliain mar is áit an-spéisiúil í.
Tá a lán le feiceáil ann, chomh maith leis an gcaisleán — mar shampla, Cloch na Blarnan agus na gairdíní áille.

CEISTEANNA

1. Cá bhfuil Caisleán na Blarnan? *(Where is Blarney Castle?)*
2. Cén sórt áite í? *(What sort of place is it?)*
3. Cén fáth a dtéann a lán turasóirí ansin? *(Why do a lot of tourists go there?)*
4. Cad atá le feiceáil ann? *(What is there to see there?)*
5. An raibh tú riamh i gCaisleán na Blarnan? *(Were you ever in Blarney Castle?)*

FOCLÓIR

Caisleán na Blarnan *Blarney Castle*
Corcaigh *Cork*
Cúige Mumhan *province of Munster*
áit *place*   stairiúil *historical*
turasóirí *tourists*
an-spéisiúil *very interesting*
Cloch na Blarnan *Blarney Stone*

SEACHTAIN 12 • LÁ 2

Céimeanna Comparáide

mór/níos mó, beag/níos lú, sean/níos sine, óg/níos óige

Tá an teach buí níos mó ná an teach gorm.

Tá Mamó níos sine ná Mamaí.
Tá Daideo níos sine ná Daidí.

Tá an leaba bhándearg níos lú ná an leaba ghlas.
Tá an cat níos lú ná an madra.

Tá mo dheartháir níos óige ná mise.
Tá mo dheirfiúr níos óige ná mo dheartháir.

CEISTEANNA

1. An bhfuil an teach buí níos mó ná an teach gorm?
   (Is the yellow house bigger than the blue house?)
2. An bhfuil an teach gorm níos lú ná an teach buí?
   (Is the blue house smaller than the yellow house?)
3. An bhfuil an cat níos mó ná an madra?
   (Is the cat bigger than the dog?)
4. An bhfuil Mamó níos sine nó níos óige ná Mamaí?
   (Is Granny older or younger than Mammy?)
5. An bhfuil Daideo níos sine nó níos óige ná Daidí?
   (Is Grandad older or younger than Daddy?)

FOCLÓIR

mór/níos mó *big/bigger*
beag/níos lú *small/smaller*
sean/níos sine *old/older*
óg/níos óige *young/younger*

An Fliú

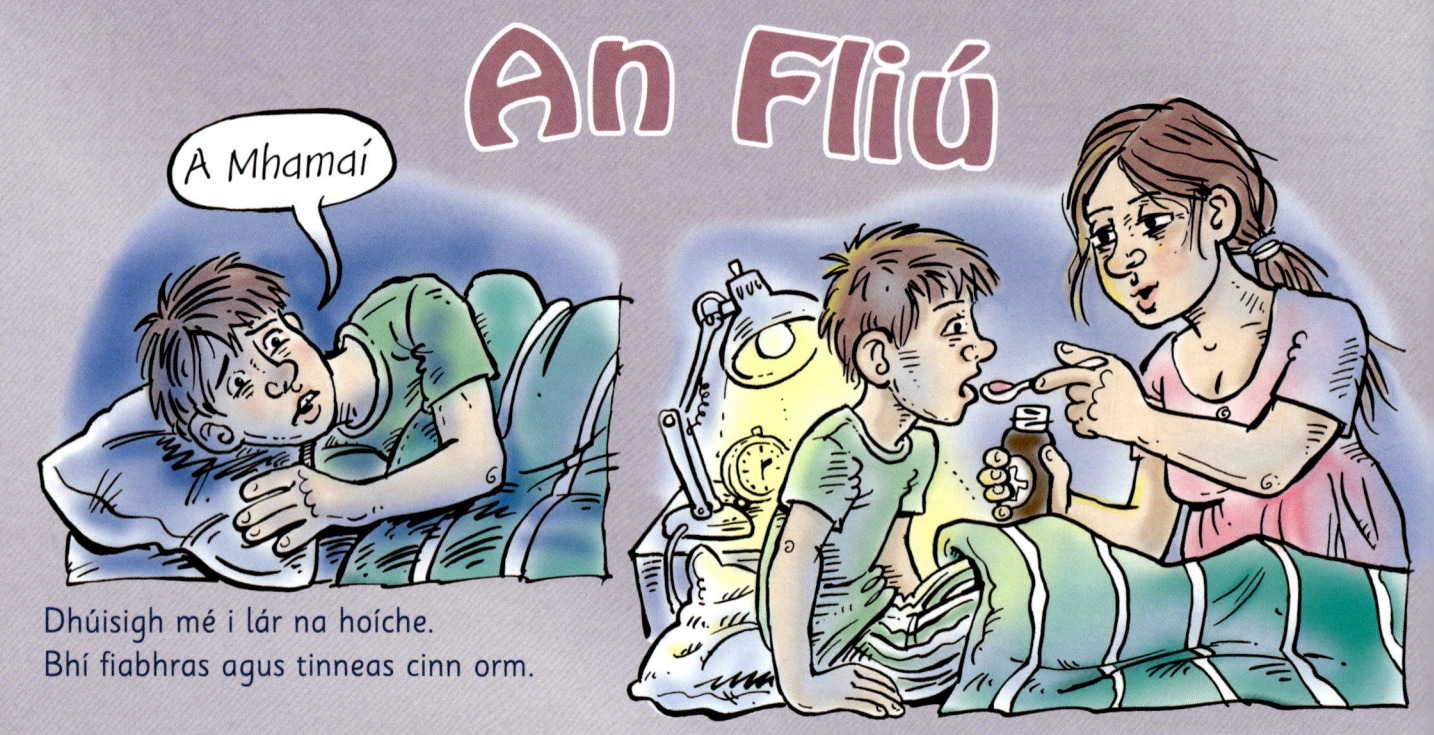

"A Mhamaí"

Dhúisigh mé i lár na hoíche.
Bhí fiabhras agus tinneas cinn orm.

Thug Mamaí leigheas dom ach bhí mé ag dul in olcas.

Ar maidin chuamar go dtí an dochtúir.

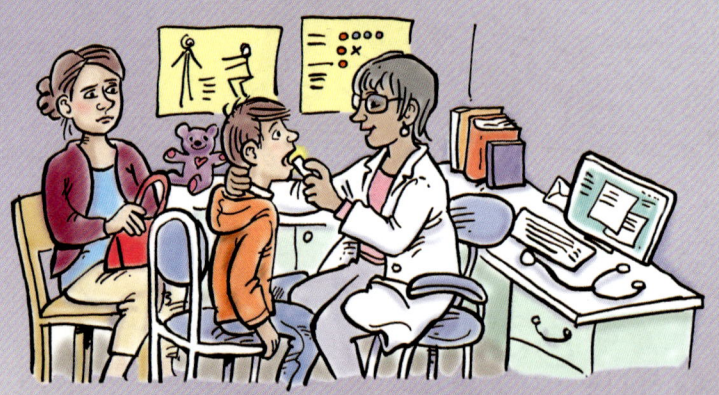

D'fhéach sí i mo chluasa, d'fhéach sí i mo shúile agus d'fhéach sí i mo bhéal.

'Tá an fliú ort,' arsa an dochtúir. 'Téigh abhaile agus fan sa leaba ar feadh cúpla lá, ansin beidh tú ceart go leor.'

CEISTEANNA

1 Cathain a dhúisigh an buachaill? *(When did the boy wake?)*
2 Cén fáth ar dhúisigh sé? *(Why did he wake up?)*
3 Cad a thug Mamaí dó? *(What did Mammy give to him?)*
4 Cá ndeachaigh siad ar maidin? *(Where did they go in the morning?)*
5 Cad a dúirt an dochtúir? *(What did the doctor say?)*

FOCLÓIR

i lár na hoíche *in the middle of the night*
fiabhras *fever*
tinneas cinn *headache*
leigheas *medicine*
ag dul in olcas *getting worse*
chuamar *we went*
fan sa leaba *stay in bed*

SEACHTAIN **12** • LÁ **4**

Laethanta na Seachtaine

Tá páiste an Luain chomh dána le muc,
Tá páiste na Máirt chomh láidir le puc.
Tá páiste na Céadaoin chomh milis le subh,
Tá páiste an Déardaoin chomh maol le hubh.
Tá páiste na hAoine chomh glic le sionnach,
Tá páiste an tSathairn chomh dúr le broc.
Is é páiste an Domhnaigh an páiste is gránna,
Piocann sé a shrón – nach bhfuil sin dána!

Le Dominic Ó Braonáin

GNÍOMH
Léigh agus foghlaim an dán. *(Read and learn the poem.)*

FOCLÓIR
láidir *strong* milis *sweet*
maol *bald* glic *clever/shrewd*
dúr *stupid/moody*
is gránna *most disgusting*

Éadaí Traidisiúnta

Seo iad na héadaí traidisiúnta atá san India. Caitheann na mná *sari* agus na fir *dhoti* nó *kurta*.

Seo iad na héadaí traidisiúnta atá sa Rúis. Caitheann na mná *sarafan* agus caitheann na fir *kosovorotka*.

Seo iad na héadaí traidisiúnta atá in Albain. Caitheann na mná sciortaí breacáin agus sais breacáin agus caitheann na fir *filleadh beag* agus *sparán*.

Seo iad na héadaí traidisiúnta atá sa tSeapáin. Caitheann na mná *kimino* agus na fir *hapi* agus *hakama*.

Seo iad na héadaí traidisiúnta atá i Meicsiceo. Caitheann na mná *huipil*, agus *rebozo* agus caitheann na fir *sarap*.

CEISTEANNA

1. Cad a chaitheann na mná san India? *(What do the women in India wear?)*
2. Cad a chaitheann na fir in Albain? *(What do the men in Scotland wear?)*
3. Cad a chaitheann na mná agus na fir sa tSeapáin?
   (What do women and men wear in Japan?)
4. Cad a chaitheann na fir i Meicsiceo? *(What do the men in Mexico wear?)*
5. Cad a chaitheann na mná sa Rúis? *(What do the women in Russia wear?)*

FOCLÓIR

traidisiúnta *traditional*
Albain *Scotland*
breacán *tartan*
an tSeapáin *Japan*
Meicsiceo *Mexico*
an Rúis *Russia*

Margadh Bláthanna

Dé Sathairn atá ann.
Tá Mamaí agus Daidí ag dul chuig an margadh bláthanna sa bhaile mór.
Tá bláthanna de gach saghas ann.
Tá bláthanna beaga agus bláthanna móra ann.
Tá bláthanna de gach dath den bhogha báistí ann.
Tá siad ar fad in uisce, le praghsanna éagsúla orthu.

CEISTEANNA

1 Cén lá atá ann? *(What day is it?)*
2 Cá bhfuil Mamaí agus Daidí ag dul?
   (Where are Mammy and Daddy going?)
3 An bhfuil bláthanna beaga agus bláthanna móra ann?
   (Are there little flowers and big flowers there?)
4 Cén dath atá ar na bláthanna? *(What colour are the flowers?)*
5 Cá bhfuil siad ar fad? *(Where are they all?)*

FOCLÓIR

margadh *market*
gach saghas *every type*
bogha báistí *rainbow*
praghsanna éagsúla *different prices*

Sos Deas

Dhúisigh Lara ag a naoi a chlog.

'Táim déanach don scoil!' a scread sí. Rith sí síos staighre ar nós na gaoithe.

'Tóg go bog é, inniu Dé Sathairn,' arsa Mamaí léi. 'Níl aon scoil ann inniu.' Thosaigh Lara agus Mamaí ag gáire.

D'fhan Mamaí agus Lara istigh don lá ar fad ag féachaint amach ar an sneachta.

CEISTEANNA

1. **Cé a dhúisigh ag a naoi a chlog?** *(Who woke up at nine o'clock?)*
2. **Céard a scread sí?** *(What did she shout?)*
3. **Ar rith sí amach an doras ar nós na gaoithe?** *(Did she run out the door as fast as the wind?)*
4. **Cé a thosaigh ag gáire?** *(Who started laughing?)*
5. **Cár fhan Mamaí agus Lara don lá?** *(Where did Mammy and Lara stay for the day?)*

FOCLÓIR

sos deas *a nice break*
déanach *late*
scread sí *she shouted*
tóg go bog é *take it easy*
istigh *inside*

SEACHTAIN 13 • LÁ 4

Gailearaí Náisiúnta *na* hÉireann

Seo é Gailearaí Náisiúnta na hÉireann. Tá sé i lár na cathrach i mBaile Átha Cliath. Tá níos mó ná cúig mhíle dhéag (15,000) pictiúr le feiceáil sa ghailearaí. Insíonn gach pictiúr scéal.

CEISTEANNA

1 **Cá bhfuil Gailearaí Náisiúnta na hÉireann?**
   (Where is the National Gallery of Ireland?)

2 **Cé mhéad pictiúr atá le feiceáil ann?**
   (How many pictures are there to see there?)

3 **Cad a insíonn gach pictiúr?**
   (What does each picture tell?)

4 **Cén t-ealaíontóir is fearr leis an gcailín?**
   (Who is the girl's favourite artist?)

5 **Cathain a bhíonn an gailearaí ar oscailt?**
   (When is the gallery open?)

Seo é an pictiúr is fearr liom.
Is é Jack B. Yeats an t-ealaíontóir is fearr liom. Tá sé saor in aisce le dul isteach sa ghailearaí agus bíonn sé ar oscailt seacht lá na seachtaine.

FOCLÓIR

Gailearaí Náisiúnta na hÉireann *National Gallery of Ireland*
i lár na cathrach *in the middle of the city*
níos mó ná *more than*   **insíonn** *tells*   **ealaíontóir** *artist*
saor in aisce *free*   **ar oscailt** *open*

SEACHTAIN 14 • LÁ 1   53

Amhrán na bhFiann

Sinne Fianna Fáil
Atá faoi gheall ag Éirinn,
Buíon dár slua
Thar toinn do ráinig chugainn.
Faoi mhóid bheith saor,
Seantír ár sinsir feasta
Ní fhágfar faoin tíorán ná faoin tráil
Anocht a théim sa bhearna baoil,
Le gean ar Ghaeil chun báis nó saoil
Le gunna scréach faoi lámhach na bpiléar
Seo libh canaigí Amhrán na bhFiann.

Le Peadar Kearney. Aistriúchán le Liam Ó Rinn

GNÍOMH

Can an t-amhrán. *(Sing the song.)*

Gach Lá ar Scoil

Téim isteach sa seomra ranga ag a deich chun a naoi.

Tosaíonn an lá le ceacht Gaeilge.

Tar éis na Gaeilge, déanaim Béarla.

Ag a leathuair tar éis a deich bíonn sos beag agam.

Idir sos beag agus am lóin déanaim mata, stair agus reiligiún.

Tar éis am lóin déanaim tíreolaíocht.

Gach Máirt bíonn corpoideachas ar siúl.

CEISTEANNA

1. **Cén t-am a théann an buachaill isteach sa seomra ranga?**
   (What time does the boy go into the classroom?)
2. **An dtosaíonn an lá le ceacht mata?**
   (Does the day start with a maths lesson?)
3. **Cad a bhíonn aige ag a leathuair tar éis a deich?**
   (What does he have at half past ten?)
4. **Cad a dhéanann sé tar éis am lóin?**
   (What does he do after lunch?)
5. **Cad a bhíonn ar siúl gach Máirt?** *(What is on every Tuesday?)*

FOCLÓIR

tosaíonn an lá *the day begins*
ceacht Gaeilge *Irish lesson*
sos beag *little break*
idir *between*   **stair** *history*
tíreolaíocht *geography*
corpoideachas *PE/physical education*

SEACHTAIN 14 • LÁ 3

Éadaí Nua don Nollaig

Chuamar ag siopadóireacht, Dé Sathairn ag a naoi.
Bhí Daidí agus mo dheartháir fós ina luí.
Nuair a shroicheamar an chathair, lig mé béic asam.
Bhí airgead póca i mo mhála agus liosta agam.
Léim mo chroí le háthas nuair a chonaic mé na headaí.
'An bhfuil tú ceart go leor, a ghrá?' arsa Mamaí.
Cheannaigh mé dhá ghúna áille agus d'ól Mamaí tae.
Chuaigh mé abhaile sásta, i ndeireadh an lae.

Le Joanne Kett

GNÍOMH

Léigh agus foghlaim an dán. *(Read and learn the poem.)*

FOCLÓIR

fós ina luí *still in bed*
shroicheamar an chathair *we reached the city*
béic *shout* airgead póca *pocket money*

SEACHTAIN 14 • LÁ 4

Crann Jesse

Bhí an Nollaig ag teacht.
Labhair an múinteoir le rang a ceathair faoi Chrann Jesse cúpla seachtain ó shin.
Bheartaigh siad ar Chrann Jesse a dhéanamh don rang.
Rinne gach dalta maisiúchán don chrann.
Gach lá d'Aidbhint, chroch an múinteoir maisiúchán ar an gcrann.
Tá an crann beagnach clúdaithe ar fad anois.

CEISTEANNA

1. **Céard a bhí ag teacht?** *(What was coming?)*
2. **Céard a bheartaigh siad a dhéanamh?** *(What did they decide to do?)*
3. **Céard a rinne gach dalta?** *(What did every pupil do?)*
4. **Cé a chroch na maisiúcháin ar an gcrann?** *(Who hung the decorations on the tree?)*
5. **An bhfuil an crann beaganach clúdaithe?** *(Is the tree nearly covered?)*

FOCLÓIR

cúpla seachtain ó shin *a few weeks ago*
bheartaigh siad *they decided*
maisiúchán *decoration*
Aidbhint *Advent*   **chroch** *hung*
beagnach clúdaithe *nearly covered*

Lá Sneachta

Bhí an sneachta ag titim go trom taobh amuigh.
'Cá bhfuil Bongo?' arsa Áine.
'Níl a fhios agam,' a d'fhreagair Mamaí.

Chuaigh Mamaí agus Áine dá lorg.
D'fhéach siad sa teach, ní raibh sí ann.

D'fhéach siad sa ghairdín, ní raibh sí ann.

D'fhéach Mamaí sa gharáiste. Bhí Bongo ina codladh faoi na seanbhlaincéid!

CEISTEANNA

1. Cén saghas aimsire a bhí ann?
   (What was the weather like?)
2. Cé a chuaigh ag lorg Bongo?
   (Who went looking for Bongo?)
3. Cár fhéach siad ar dtús? (Where did they look first?)
4. An raibh sí ann? (Was she there?)
5. Cá raibh sí? (Where was she?)

FOCLÓIR

ag titim *falling*   go trom *heavily*
dá lorg *looking for her*
ní raibh sí ann *she wasn't there*
faoi na seanbhlaincéid *under the old blankets*

An tAerfort

Oíche Nollag atá ann.
Tá Daidí agus na páistí ag dul isteach chuig an aerfort chun na soilse a fheiceáil.
Téann siad ann Oíche Nollag gach bliain.
Bíonn soilse agus maisiúcháin na Nollag i ngach áit.
Bíonn an t-aerfort i gcónaí an-ghnóthach.
Bíonn málaí móra ag gach duine agus meangadh mór gáire orthu.

CEISTEANNA

1. **Cén oíche atá ann?** *(What night is it?)*
2. **Cá bhfuil Daidí agus na páistí ag dul?**
   (Where are Daddy and the children going?)
3. **Céard a bhíonn i ngach áit?** *(What is everywhere?)*
4. **An mbíonn an t-aerfort i gcónaí an-ghnóthach?**
   (Is the airport always very busy?)
5. **Céard a bhíonn ag gach duine?** *(What does everyone have?)*

FOCLÓIR

Oíche Nollag *Christmas Eve*
aerfort *airport*   **soilse** *lights*
i gcónaí *always*
an-ghnóthach *very busy*
meangadh mór *big smile*

Lá an Dreoilín

Ar an séú lá is fiche de mhí na Nollag gach bliain, déantar ceiliúradh ar Lá an Dreoilín.
Téann a lán daoine amach ag 'fiach' dreoilín bréagach.
Cuireann siad ar bharr maide maisithe é.
Bíonn maisc, éadaí daite agus cultacha soip á gcaitheamh ag an slua.
Bíonn daoine ag seinm ceol traidisiúnta agus bíonn paráid ag dul tríd an mbaile.

CEISTEANNA

1. Cathain a dhéantar ceiliúradh ar Lá an Dreoilín?
   (When is Wren Day celebrated?)
2. Cá dtéann a lán daoine?
   (Where do a lot of people go?)
3. Céard a bhíonn á chaitheamh ag an slua?
   (What does the crowd wear?)
4. An mbíonn daoine ag seinm ceoil?
   (Do people play music?)
5. Cá mbíonn an pharáid? *(Where is the parade?)*

FOCLÓIR

Lá an Dreoilín *Wren Day*
séú lá is fiche de mhí na Nollag *twenty-sixth of December*
déantar ceiliúradh ar... *...is celebrated*
ag fiach *hunting* **bréagach** *fake/false*
maide maisithe *decorated pole*
cultacha soip *straw suits* **slua** *crowd* **paráid** *parade*

SEACHTAIN 15 • LÁ 4

Chuala mé an Ghaoth

Chuala mé an ghaoth,
Ag bualadh na bhfuinneog,
Ag cnagadh ar an doirse,
Ag séideadh na nduilleog.

Chuala mé an ghaoth,
Ag luascadh na gcrann,
Ag leagan na slinnte,
Anuas ón díon.

Chuala mé an ghaoth,
An oíche go léir,
Ag séideadh na fearthainne,
Tríd an aer.

Le Colm Mac Lochlainn

GNÍOMH
Léigh agus foghlaim an dán. *(Read and learn the poem.)*

FOCLÓIR
ag bualadh *hitting*   ag cnagadh *knocking*
ag luascadh *swinging*   na slinnte *the slates*
díon *roof*
ag séideadh na fearthainne *blowing the rain*

Lá Sneachta

Maidin gheimhridh a bhí ann.
Bhí sé ag cur sneachta.
D'fhéach Clodagh amach an fhuinneog.
Chonaic sí na calóga sneachta ag titim.
Bhí sceitimíní áthais uirthi.

D'ith sí a bricfeasta go tapa.
Chuir sí éadaí troma uirthi.
Chuir sí a lámhainní agus buataisí uirthi freisin.
Chuaigh sí amach sa ghairdín.

CEISTEANNA

1 Cén sórt maidine a bhí ann? *(What sort of morning was it?)*
2 Cén sórt aimsire a bhí ann? *(What was the weather like?)*
3 Cár fhéach Clodagh? *(Where did Clodagh look?)*
4 Cad a chuir sí uirthi? *(What did she put on?)*
5 Cá ndeachaigh sí? *(Where did she go?)*

FOCLÓIR

maidin gheimhridh *winter morning*
calóga sneachta *snowflakes*
go tapa *quickly*
éadaí troma *heavy clothes*
lámhainní *gloves*

Cuairt ar m'Aintín

Tá m'aintín ina cónaí i mBaile Átha Cliath. Thug mé agus mo dheirfiúr cuairt uirthi an deireadh seachtaine seo caite.

Maidin Dé Sathairn chuamar go dtí Gailearaí Náisiúnta na hÉireann. Chonaiceamar pictiúir áille ann.

Tar éis an lóin shiúlamar go Faiche Stiofáin.

Dé Domhnaigh chuamar go dtí an zú. Chonaiceamar ainmhithe difriúla ann. Thaitin an chuairt go mór linn.

CEISTEANNA

1. Cá bhfuil aintín na gcailíní ina cónaí?
 (Where is the girls' aunt living?)
2. Cathain a thug siad cuairt uirthi?
 (When did they visit her?)
3. Cá ndeachaigh siad maidin Dé Sathairn?
 (Where did they go on Saturday morning?)
4. Cá ndeachaigh siad tar éis an lóin?
 (Where did they go after lunch?)
5. Cá ndeachaigh siad Dé Domhnaigh?
 (Where did they go on Sunday?)

FOCLÓIR

cuairt *visit*
an deireadh seachtaine seo caite *last weekend*
chuamar *we went*   chonaiceamar *we saw*
shiúlamar *we walked*

SEACHTAIN **16** • LÁ **3**

Spraoi sa Sneachta

Shiúil Clodagh, go cúramach, trasna an bhóthair. Bhí sé an-fhuar agus bhí brat bán sneachta ar an talamh.
Bhí a cara Leah sa pháirc ag súgradh sa sneachta.

Thosaigh na cailíní ag déanamh agus ag caitheamh liathróidí sneachta.

Ina dhiaidh sin, rinne siad fear sneachta ollmhór.

Go tobann, thosaigh sé ag cur sneachta arís.
Bhí na cailíní rófhuar.
Chuaigh siad abhaile chun deoch the a fháil.

CEISTEANNA

1. **Cár shiúil Clodagh?** *(Where did Clodagh walk?)*
2. **Cad a bhí ar an talamh?** *(What was on the ground?)*
3. **Cé a bhí sa pháirc?** *(Who was in the park?)*
4. **Cad a rinne siad?** *(What did they make?)*
5. **Cad a tharla go tobann?** *(What happened suddenly?)*

FOCLÓIR

go cúramach *carefully*
brat bán sneachta *a white carpet of snow*
ag caitheamh liathróidí sneachta *throwing snowballs*
fear sneachta ollmhór *a huge snowman*
an-fhuar *very cold*   rófhuar *too cold*
deoch the *a hot drink*

64 SEACHTAIN **16** • LÁ **4**

Bliain Nua na Síneach

Is í Bliain Nua na Síneach an fhéile is tábhachtaí sa tSín. Athraíonn an dáta don fhéile seo gach bliain. De ghnáth, bíonn sé ag deireadh mhí Eanáir nó ag tús mhí Feabhra. Déantar ceiliúradh ar feadh cúig lá dhéag.

Glaotar Bliain Nua na Síneach i ndiaidh dhá ainmhí dhéag éagsúla – ainmhí difriúil gach bliain. Tar éis dhá bhliain déag, tosaíonn siad ón tús arís le hainm an chéad ainmhí.

CEISTEANNA

1. Cad í an fhéile is tábhachtaí sa tSín?
   (What is the most important festival in China?)
2. Cén dáta ar a mbíonn sé? *(What date is it on?)*
3. Cé chomh fada is a leanann an ceiliúradh ar aghaidh?
   (How many days does the celebration last?)
4. Céard a tharlaíonn tar éis dhá bhliain déag?
   (What happens after twelve years?)

FOCLÓIR

Bliain Nua na Síneach Chinese New Year
an fhéile is tábhachtaí the most important festival
athraíonn an dáta the date changes
de ghnáth usually/typically
dhá ainmhí dhéag éagsúla twelve different animals
ón tús arís from the start again

SEACHTAIN **17** • LÁ **1**

Cóisir Chodlata

Tá Aintín Ali agus Uncail Jack ag dul go Londain don deireadh seachtaine.
Tá mo chol ceathrar Liam ag teacht chun fanacht i mo theach.
Dúirt Mamaí go raibh cead agam cuireadh a thabhairt do bheirt chairde.

Thug mé cuireadh chuig an gcóisir chodlata do mo chairde Seán agus James.
Tá dlúthdhiosca agus cluichí faighte ag Daidí.
Tá bia blasta déanta ag Mamaí.

CEISTEANNA

1. Cá bhfuil Aintín Ali agus Uncail Jack ag dul? *(Where are Aunt Ali and Uncle Jack going?)*
2. Cá bhfuil Liam ag dul? *(Where is Liam going?)*
3. Céard a dúirt Mamaí? *(What did Mammy say?)*
4. Céard a fuair Daidí? *(What did Daddy get?)*
5. Céard a rinne Mamaí? *(What did Mammy make?)*

FOCLÓIR

cóisir chodlata *slumber party*   cead *permission*
cuireadh a thabhairt do *give invitation to*
faighte ag Daidí *gotten by Daddy*
bia blasta *tasty food*

Dia Duit/Hola

Inniu rinne rang a ceathair glaoch Skype le rang a cúig sa Spáinn.
Oibríonn dearthair an mhúinteora sa Spáinn.
'Dia duit,' arsa rang a ceathair ó Éirinn.
'Hola,' arsa rang a cúig ón Spáinn.

Bhí siad ag caint faoi na difríochtaí idir Éire agus an Spáinn.
Thaitin an glaoch Skype go mór leis an dá rang.
'Déanfaimid arís go luath é,' arsa na múinteoirí.

CEISTEANNA

1. Céard a rinne rang a ceathair inniu?
   (What did fourth class do today?)
2. Cé a oibríonn sa Spáinn? *(Who works in Spain?)*
3. Céard faoi a raibh siad ag caint?
   (What were they talking about?)
4. Ar thaitin an glaoch Skype leis an dá rang?
   (Did both classes enjoy the call?)
5. Céard a dúirt na múinteoirí?
   (What did the teachers say?)

FOCLÓIR

glaoch Skype *a Skype call*   oibríonn *works*
ag caint faoi *talking about*
difríochtaí *differences*   thaitin *liked*
déanfaimid arís go luath é *we'll do it again soon*

SEACHTAIN 17 • LÁ 3

Leabhar Cheanannais

Is leabhar an-cháiliúil é a scríobh na manaigh.
Tá 680 leathanach ann.
Tá an-chuid maisithe agus ealaíne sa leabhar.
Tá an cluadach in easnamh ar ó fadó.
Tá sé ar fáil i gColáiste na Tríonóide i mBaile Átha Cliath anois.
Tagann na mílte tuarasóir chun é a fheiceáil gach bliain.

CEISTEANNA

1. **Cad é Leabhar Cheanannais?** *(What is the Book of Kells?)*
2. **Cé a scríobh é?** *(Who wrote it?)*
3. **Cé mhéad leathanach atá ann?** *(How many pages are in it?)*
4. **An bhfuil mórán maisithe sa leabhar?** *(Is there much decoration in the book?)*
5. **Cá bhfuil sé ar fáil anois?** *(Where can it be found now?)*

FOCLÓIR

Leabhar Cheanannais *The Book of Kells*
an-cháiliúil *very famous*
easnamh *missing*   **manaigh** *monks*
maisithe *decoration*
ar fáil *available*   **turasóir** *tourist*

Ceacht Gaeilge – Comhrá

Cuir ceisteanna ar do chara

- Dia duit
- Dia is Muire duit.
- Conas atá tú?
- Tá mé go maith.

Cuir ceisteanna ar do chara

- Cén aois thú?
- Tá mé naoi mbliana d'aois.
- Cén rang ina bhfuil tú?
- Tá mé i rang a ceathair.

- Cá bhfuil tú i do chónaí?
- Tá mé i mo chónaí i gCill Mhantáin.

- An bhfuil caitheamh aimsire agat?
- Tá, is maith liom a bheith ag imirt rugbaí agus peile.

- An bhfuil peata agat?
- Tá madra agam, Roxy is ainm di.

CEISTEANNA

1. **An bhfuil Mark go maith?** (Is Mark well?)
2. **Cén aois é?** (What age is he?)
3. **Cén rang ina bhfuil sé?** (What class is he in?)
4. **Cá bhfuil sé ina chónaí?** (Where does he live?)
5. **An bhfuil caitheamh aimsire aige?** (Does he have a pastime?)

FOCLÓIR

Cill Mhantáin *Wicklow*
caitheamh aimsire *pastime*

Ard-Mhúsaem na hÉireann

Tabhair cuairt ar Ard-Mhúsaem na hÉireann!

In aice na Dála, cúig nóimead ó Fhaiche Stiofáin i mBaile Átha Cliath.

Uaireanta Oscailte
Dé Máirt–Dé Sathairn:
A deich a chlog go dtí a cúig a chlog
(10am–5pm)
Dé Domhnaigh:
A dó a chlog go dtí a cúig a chlog
(2–5pm)
Dúnta: Dé Luain, Lá Nollag agus Aoine an Chéasta

Tar isteach agus féach ar Dhealg na Teamhrach agus Cailís Ardach.

Táille
Níl aon táille ar dhul isteach sa mhúsaem.

Beidh lá iontach agat!

museum
Ard-Mhúsaem na hÉireann

CEISTEANNA

1. Cá bhfuil Ard-Mhúsaem na hÉireann?
   (Where is the National Museum of Ireland?)
2. Cad iad na huaireanta oscailte?
   (What are the opening hours?)
3. Cad é an táille isteach? *(What is the admission fee?)*
4. Ainmnigh dhá rud atá le féiceáil ann.
   (Name two things you can see there.)
5. An raibh tú riamh san Ard-Mhúsaem?
   (Were you ever in the National Museum?)

FOCLÓIR

Ard-Mhúsaem na hÉireann *National Museum of Ireland*
uaireanta oscailte *opening hours*
Dealg na Teamhrach *Tara Brooch*
Cailís Ardach *the Ardagh Chalice*

Ag Obair sa Ghairdín

An Satharn a bhí ann. Bhí sé geal agus tirim.
Bhí Mamaí ag féachaint amach an fhuinneog.
Bhí an gairdín trína chéile tar éis na drochaimsire.

Chuaigh an chlann amach sa ghairdín.
Thóg Daidí an lomaire faiche amach agus bhain sé an féar.
Chuir Mamaí lámhainní uirthi agus phioc sí na fiailí.
Bhailigh na páistí an bruscar agus chuir siad isteach sa mhála é.

Bhí an gairdín go hálainn.

CEISTEANNA

1. **Cén lá a bhí ann?** *(What day was it?)*
2. **An raibh Mamaí ag féachaint amach an doras?** *(Was Mammy looking out the door?)*
3. **Conas a bhí an gairdín?** *(How was the garden?)*
4. **Cad a rinne Daidí?** *(What did Daddy do?)*
5. **Cad a rinne na páistí?** *(What did the children do?)*

FOCLÓIR

trína chéile *in a mess* **drochaimsir** *bad weather*
lomaire faiche *lawnmower* **fiailí** *weeds*

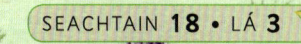

SEACHTAIN 18 • LÁ 3

Clár Dúlra

Anocht ar 'An Zú', táimid ag féachaint ar an síota.
An t-ainmhí is tapúla ar domhan.
Ritheann sé chomh tapa le 113km san uair.

Tá sé ina chónaí san Afraic.
Tá radharc na súl ar fheabhas aige i rith an lae.

Níl sé go maith i rith na hoíche, murab ionann leis an leon agus leis an tíogar.
Téann sé a chodladh i rith na hoíche.
Ainmhí álainn!

CEISTEANNA

1. **Cad é an t-ainmhí is tapúla ar domhan?**
   (What is the fastest animal in the world?)
2. **Cá bhfuil sé ina chónaí?** (Where does it live?)
3. **An bhfuil radharc na súl go maith aige i rith an lae?**
   (Does it have good eyesight during the day?)
4. **An bhfuil radharc na súl go maith aige i rith na hoíche?**
   (Does it have good eyesight during the night?)
5. **An bhfuil radharc na súl go maith ag an leon agus ag an tíogar i rith na hoíche?**
   (Do the lion and the tiger have good eyesight during the night?)

FOCLÓIR

an síota *the cheetah*
is tapúla ar domhan *fastest in the world*
radharc na súl *eyesight*
murab ionann le *unlike*

Margadh Feirmeoirí

Dé Sathairn a bhí ann.
Bhí an chlann ag an margadh feirmeoirí.
Bhí a lán daoine ag déanamh a gcuid siopadóireachta ann.
Cheannaigh Mamaí torthaí agus glasraí.
Cheannaigh Daidí feoil agus uibheacha.
Cheannaigh Mamó plandaí.
Cheannaigh na páistí cnónna agus cístí.

CEISTEANNA

1 **Cén lá a bhí ann?** *(What day was it?)*
2 **Cá raibh an chlann?** *(Where was the family?)*
3 **Céard a cheannaigh Mamaí?** *(What did Mammy buy?)*
4 **Céard a cheannaigh Daidí?** *(What did Daddy buy?)*
5 **Céard a cheannaigh Mamó?** *(What did Granny buy?)*

FOCLÓIR

margadh feirmeoirí *farmers' market*
cnónna *nuts*   **cístí** *cakes*

SEACHTAIN 19 • LÁ 1

Lón Deas

I ndiaidh na siopadóireachta, stop an chlann don lón.
Bhí a lán cineálacha éagsúla bia ann.
Bhí paella ag Daidí don lón.
Bhí anraith agus arán donn ag Mamaí agus Mamó.
Bhí núdail le glasraí ag na páistí.
Cheannaigh Daidí tae agus caife do Mhamó agus do Mhamaí.
Bhí sú óraiste ag na páistí agus bhí caoineog banana agus sú talún ag Daidí.

CEISTEANNA

1. **Céard a rinne an chlann i ndiaidh na siopadóireachta?**
   (What did the family do after the shopping?)
2. **Céard a bhí ag Daidí don lón?**
   (What did Daddy have for lunch?)
3. **Céard a bhí ag Mamaí agus Mamó don lón?**
   (What did Mammy and Granny have for lunch?)
4. **Céard a bhí ag na páistí don lón?**
   (What did the children have for lunch?)
5. **Céard a cheannaigh Daidí?**
   (What did Daddy buy?)

FOCLÓIR

i ndiaidh *after*
a lán cineálacha éagsúla *a lot of different types*
anraith agus arán donn *soup and brown bread*
núdail le glasraí *noodles with vegetables*
caoineog banana agus sú talún *banana and strawberry smoothie*

An Ghrian

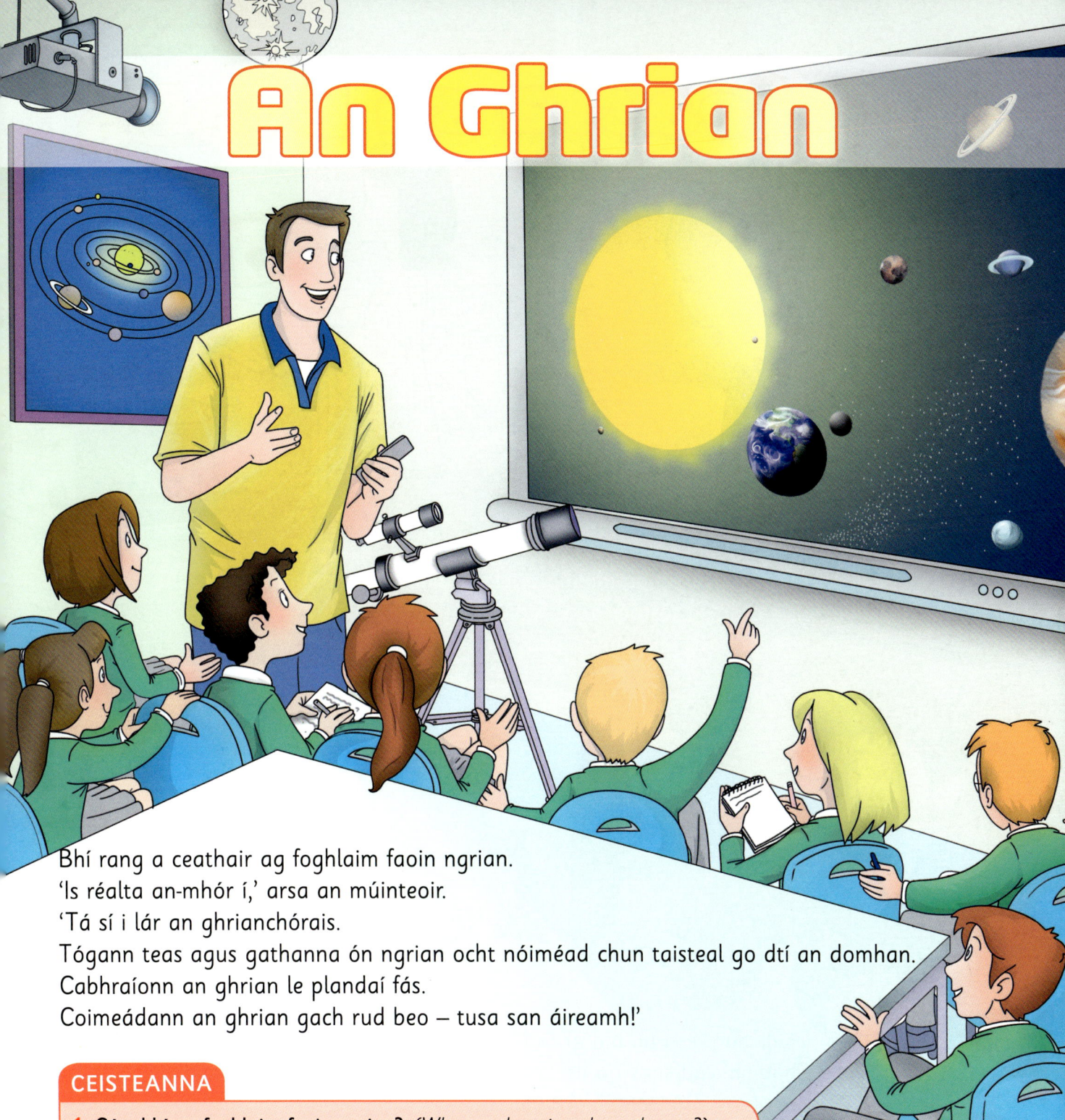

Bhí rang a ceathair ag foghlaim faoin ngrian.
'Is réalta an-mhór í,' arsa an múinteoir.
'Tá sí i lár an ghrianchórais.
Tógann teas agus gathanna ón ngrian ocht nóiméad chun taisteal go dtí an domhan.
Cabhraíonn an ghrian le plandaí fás.
Coimeádann an ghrian gach rud beo – tusa san áireamh!'

CEISTEANNA

1 **Cé a bhí ag foghlaim faoin ngrian?** *(Who was learning about the sun?)*
2 **An réalta mhór í?** *(Is it a big star?)*
3 **An bhfuil sí i lár an ghrianchórais?** *(Is it in the middle of the solar system?)*
4 **Cé chomh fada is a thógann sé do theas agus do ghathanna ón ngrian taisteal go dtí an domhan?**
   (How long does it take the heat and rays of the sun to travel to earth?)
5 **An gcabhraíonn an ghrian le plandaí fás?**
   (Does the sun help plants to grow?)

FOCLÓIR

réalta *star*
grianchóras *solar system*
teas *heat*   gathanna *rays*
chun taisteal *to travel*
coimeádann sé *it keeps*
tusa san áireamh *you included*

Bricfeasta sa Leaba

Dé Domhnaigh a bhí ann.
Bhí na páistí sa chistin ag ullmhú bricfeasta do Mhamaí agus do Dhaidí.
Chuir Susie arán sa tóstaer agus fuair sí im agus subh ón gcuisneoir.
Chuir Jude gránach i mbabhlaí agus sú oráiste i ngloiní.

Chuir na páistí an bia ar fad ar thráidire.
Chuaigh siad suas go dtí seomra codlata Mhamaí agus Dhaidí.
Bhí áthas agus iontas orthu!

CEISTEANNA

1. **Cén lá a bhí ann?** (What day was it?)
2. **Cá raibh na páistí?** (Where were the children?)
3. **Céard a rinne Susie?** (What did Susie do?)
4. **Céard a rinne Jude?** (What did Jude do?)
5. **An raibh fearg ar Mhamaí agus Daidí?** (Were Mammy and Daddy cross?)

FOCLÓIR

ag ullmhú *preparing*	**tóstaer** *toaster*
cuisneoir *fridge*	**gránach** *cereal*
babhlaí *bowls*	**gloiní** *glasses*
ar thráidire *on a tray*	**iontas** *surprise*

SEACHTAIN 19 • LÁ 4

An tEarrach

Is breá liom an t-earrach.
Bíonn an aimsir ag dul i bhfeabhas.
Cloisim ceol na n-éan sa ghairdín.
Feicim na huain ag damhsa sna páirceanna.
Tosaíonn Mamaí agus Daidí ag obair sa ghairdín.
Bíonn bláthanna ag fás agus duilleoga ag fás ar na crainn.
Bíonn páistí ag súgradh amuigh sa chlós súgartha.
Bíonn áthas ar gach duine.

CEISTEANNA

1. **Cén séasúr is breá leis an gcailín?** *(What season does the girl love?)*
2. **An mbíonn an aimsir ag dul in olcas nó i bhfeabhas?** *(Does the weather get worse or better?)*
3. **Cad a chloiseann sí sa ghairdín?** *(What does she hear in the garden?)*
4. **Cad a fheiceann sí sna páirceanna?** *(What does she see in the fields?)*
5. **Cé a bhíonn ag súgradh sa chlós súgartha?** *(Who plays in the playground?)*

FOCLÓIR

ag dul i bhfeabhas *getting better*
uain *lambs*
clós súgartha *playground*
tosaíonn *starts*

SEACHTAIN 20 • LÁ 1

Litir chuig Mamó

A Mhamó,

Conas atá tú? Tá mé go hiontach.
Bhí mé ar thuras scoile inné.
Chuamar go dtí feirm Ghleann Rua i gCill Mhantáin.
Bhí an aimsir go hiontach, bhí an ghrian ag taitneamh an t-am ar fad.
Chonaiceamar asal, caora agus capaill.
D'itheamar ár lón ar an bhféar.
Bhí an-spraoi againn.
Conas atá Daideo?
Tar ar cuairt chugam an deireadh seachtaine seo chugainn.

Le grá,
Shona

CEISTEANNA

1. Cé chuige ar scríobh Shona an litir? *(Who did Shona write the letter to?)*
2. Cá raibh Shona inné? *(Where was Shona yesterday?)*
3. Conas a bhí an aimsir? *(How was the weather?)*
4. Cad a chonaic siad? *(What did they see?)*
5. Cár ith siad a lón? *(Where did they eat their lunch?)*

FOCLÓIR

go hiontach *fantastic*   asal *donkey*
caora *sheep*   capaill *horses*
an deireadh seachtaine seo chugainn *next weekend*

SEACHTAIN 20 • LÁ 2

Obair Bhaile

Téim abhaile gach lá ar a trí a chlog.

Faighim a lán obair bhaile gach oíche. Déanaim m'obair bhaile ag an mbord sa chistin. Is iad an mhatamaitic agus an Ghaeilge na hábhair is fearr liom.

Bíonn m'obair bhaile deacair ó am go ham, ach cabhraíonn Daidí liom.

Cuirim mo chuid cóipleabhar agus mo chuid leabhar i mo mhála scoile arís. Nuair a bhím críochnaithe, téim amach le mo chara.

CEISTEANNA

1. Cén t-am a théann an buachaill abhaile gach lá?
   (What time does the boy go home every day?)
2. Cad a fhaigheann sé gach oíche?
   (What does he get every night?)
3. Cá ndéanann sé a chuid obair bhaile?
   (Where does he do his homework?)
4. Cad iad na hábhair scoile is fearr leis?
   (What are his favourite subjects?)
5. Cad a chuireann sé ina mhála scoile?
   (What does he put in his schoolbag?)

FOCLÓIR

faighim *I get* **ábhair** *subjects*
deacair *difficult* **ó am go ham** *from time to time*
cabhraíonn *helps*

Camógaíocht

Imrím agus mo chara Eva camógaíocht gach tráthnóna Máirt.
Táimid ar fhoireann na scoile.
Imrím le mo chlub gach maidin Shathairn freisin.
Is cúl báire mé. Is tosaí í Eva.
Bíonn cluiche againn gach Aoine.
Bhuaigh m'fhoireann an corn an bhliain seo caite.
Ba mhaith liom an corn a bhuachan arís.

CEISTEANNA

1. Cad a imríonn na cailíní? *(What do the girls play?)*
2. Cathain a imríonn siad? *(When do they play?)*
3. An bhfuil siad ar fhoireann na scoile? *(Are they on the school team?)*
4. Cá n-imríonn siad ar an bpáirc? *(Where do they play on the pitch?)*
5. Céard a bhuaigh an foireann an bhliain seo chaite?
   What did the team win last year?

FOCLÓIR

Imrím *I play*
cúl báire *goalkeeper*
tosaí *forward*
bhuaigh m'fhoireann *my team won*
an corn *the cup*
an bhliain seo caite *last year*
a bhuachan arís *to win again*
táimid *we are*

Lá Fhéile Bríde

Bean an-chineálta a bhí í Naomh Bríd.
Rinne sí a lán oibre ar son daoine bochta.

Déantar ceiliúradh ar Lá Fhéile Bríde gach
bliain ar an gcéad lá de mhí Feabhra.
Déantar crosa agus cuirtear os cionn
an dorais iad.
Déantar é seo chun fáilte a chur roimh
chuairteoirí agus chun an teach a
choimeád slán ó thine.

CEISTEANNA

1. **Cérbh í Naomh Bríd?** *(Who was Saint Brigid?)*
2. **Cé dóibh a ndearna sí a lán oibre?**
   (For whom did she do a lot of work?)
3. **Cén uair a dhéantar ceiliúradh ar Lá Fhéile Bríde?**
   (When is Saint Brigid's Day celebrated?)
4. **Céard a dhéantar?** *(What is done?)*
5. **Cén fáth?** *(Why?)*

FOCLÓIR

Lá Fhéile Bríde *St Brigid's Day*
an-chineálta *very kind*   ar son *for*
daoine bochta *poor people*   os cionn *above*
a choimeád slán *to keep safe*
cuairteoirí *visitors*

Clóca Naomh Bríd

Lá amháin, chuaigh Naomh Bríd go dtí Rí Laighean ag lorg talaimh chun clochar a thógáil.
Thosaigh an rí ag gáire.
Ansin dúirt sé, 'An méid talaimh a chlúdaíonn do chlóca, tabharfaidh mé sin duit.'

Thug Naomh Bríd an clóca do cheathrar cairde a bhí léi agus thosaigh siad ag siúl agus ag siúl leis.
Scaip sé amach agus amach i ngach treo. Bhí ionadh an domhain ar an rí, ach thug sé an talamh di.

CEISTEANNA

1. Cá ndeachaigh Naomh Bríd ag lorg talaimh? *(Where did Saint Brigid go looking for land?)*
2. Céard a rinne an rí? *(What did the king do?)*
3. Céard a dúirt an rí? *(What did the king say?)*
4. Cé dóibh ar thug Naomh Bríd an clóca? *(To whom did Saint Brigid give the cloak?)*
5. Céard a tharla? *(What happened?)*

FOCLÓIR

ag lorg talaimh *looking for land*
chun clochar a thógáil *to build a convent*
méid *amount*
a chlúdaíonn do chlóca *that your cloak covers*
cúinne *corner*   scaip sé *it spread*
i ngach treo *in every direction*

SEACHTAIN 21 • LÁ 2

Carr Nua

Chuaigh an chlann go dtí an garáiste sa bhaile mór.
Bhí siad ag lorg carr nua do Mhamaí.
'Ba mhaith liom carr le díon gréine,' arsa Seán.
'Ba mhaith liom carr bándearg!' arsa Annabel.
'Ba mhaith liom carr atá neamhdhíobhálach don timpeallacht,' arsa Daidí.
'Ba mhaith liom carr le níos mó spáis,' arsa Mamaí.
'Tá an carr seo foirfe duit!' arsa an fear díolacháin.

CEISTEANNA

1 **Cá ndeachaigh an chlann?** *(Where did the family go?)*
2 **Céard a bhí á lorg acu?** *(What were they looking for?)*
3 **Céard a dúirt Seán?** *(What did Séan say?)*
4 **Céard a dúirt Annabel?** *(What did Annabel say?)*
5 **Céard a dúirt an fear díolacháin?**
   (What did the salesman say?)

FOCLÓIR

ag lorg *looking for*   **díon gréine** *sunroof*
neamhdhíobhálach don timpeallacht *environmentally friendly*
níos mó spáis *more space*   **foirfe** *perfect*
fear díolacháin *salesman*

SEACHTAIN **21** • LÁ **3**

An Aimsir Inniu!

Is breá liom an bháisteach,
Caithim an lá ag snámh is ag rith!
Ach ní bhíonn na daoine timpeall orm
Ró shásta faoi ar bith!

Is breá liom a bheith fliuch,
Is mé ag gáire gan stad,
Ach féachaim mórthimpeall orm ar na daoine –
Is ag cur púic atá siad ar fad!

Le Ellie Ní Mhurchú

FOCLÓIR

timpeall orm *around me*　**ar chor ar bith** *at all*
gan stad *without stopping*
mórthimpeall orm *all around me*
ag cuir púic *frowning*

GNÍOMH

Léigh agus foghlaim an dán. *(Read and learn the poem.)*

84　SEACHTAIN **21** • LÁ **4**

Clann Lir

Bhí rí ann in Éirinn fadó. Lear ab ainm dó.
Bhí ceathrar páistí aige.
Nuair a fuair a bhean chéile bás, phós Lear bean eile. Aoife ab ainm di.
Níor mhaith léi na páistí.
Bhí slat draíochta aici. Rinne sí ealaí díobh.

Bhí saol brónach ag na páistí.
Bhí siad fós ábalta caint agus canadh.
Tar éis naoi gcéad bliain, rinne fear naofa daoine díobh arís.
Ach bhí siad an-sean agus fuair siad bás go luath ina dhiaidh sin.

CEISTEANNA

1. **Ainmnigh an rí sa scéal.** *(Name the king in the story.)*
2. **Cé mhéad paiste a bhí aige?** *(How many children did he have?)*
3. **Cad a rinne Lear nuair a fuair a bhean chéile bás?** *(What did Lear do when his wife died?)*
4. **Cad a bhí aici?** *(What did she have?)*
5. **An raibh saol brónach ag na páistí?** *(Did the children have a sad life?)*

FOCLÓIR

fadó *long ago*
phós Lear *Lear married*
a bhean chéile *his wife*
slat draíochta *magic wand*
rinne sí ealaí díobh *she turned them into swans*
fós ábalta caint *still able to talk*
fear naofa *holy man*

An Cháisc

Domhnach Cásca atá ann.
Is breá le Rónán agus Lucy an Cháisc. Bíonn laethanta saoire acu ón scoil.
Faigheann siad uibheacha Cásca.
Bíonn siad ag súil go mór leis an gCáisc agus leis na huibheacha.
Is aoibhinn leis na páistí na huibheacha seacláide a lorg sa ghairdín.

Tar éis an dinnéir bíonn cead acu cúpla ubh a ithe. Itheann Rónán ceann amháin agus itheann Lucy ceann amháin.

Téann siad a chodladh i ndeireadh an lae lán de sheacláid.

CEISTEANNA

1. **Cén ócáid atá ann?** (What occasion is it?)
2. **Cén fáth a dtaitníonn an Cháisc leis na páistí?** (Why do the children like Easter?)
3. **Cad a fhaigheann na páistí?** (What do the children get?)
4. **An maith leis na páistí na huibheacha Cásca a lorg sa ghairdín?** (Do the children like searching for the Easter eggs in the garden?)
5. **Cé mhéad ubh a itheann Rónán?** (How many eggs does Rónán eat?)

FOCLÓIR

Domhnach Cásca Easter Sunday
laethanta saoire holidays
faigheann siad they get
uibheacha Cásca Easter eggs
lán de sheacláid full of chocolate

Ócáidí Speisialta

Cén ócáid speisialta is fearr leat?

Is fearr liom an Cháisc.

Cén fáth?

Mar is breá liom an t-earrach agus ag dul ar Aifreann Domhnach Cásca. Cén ócáid speisialta is fearr leat?

Is fearr liom an Nollaig gan dabht.

Mar tagann Daidí na Nollag agus faighim bronntanais.
Mar bíonn laethanta saoire agam ón scoil agus uaireanta bíonn sé ag cur sneachta.
Mar tagann m'uncail Jay agus m'aintín Zoe abhaile ó Shasana agus bíonn an-spraoi ag gach duine!

CEISTEANNA

1 **Cén ócáid speisialta is fearr le Mamó?**
   (Which special occasion does Granny prefer?)
2 **Cén fáth?** (Why?)
3 **Cén ócáid speisialta is fearr leis an gcailín?**
   (Which special occasion does the little girl prefer?)
4 **Cén fáth?** (Why?)
5 **Cén ócáid speisialta is fearr leatsa?**
   (Which special occasion do you prefer?)

FOCLÓIR

ócáid speisialta *special occasion*
Aifreann *Mass*   gan dabht *without doubt*
uaireanta *sometimes*

SEACHTAIN 22 • LÁ 3

Hansel agus Gretel

Bhí buachaill agus cailín ann fadó. Hansel agus Gretel ab ainm dóibh. Chuaigh siad ag siúl sa choill.

Ansin chonaic siad teach álainn déanta de líreacáin, de mhilseáin agus de sheacláid. 'Ium, ium!' arsa Hansel agus Gretel.

'Heileo, heileo,' arsa an chailleach ghránna. 'Tar isteach, beidh líreacán agaibh!'

Go tobann, rug sí ar Hansel agus chuir sí Hansel bocht i gciseán. Bhí sé ag gol. Bhí Gretel ag gol freisin.

Thit an chailleach ghránna isteach sa tine. Bhí an chailleach ghránna ag gol ansin.

D'ith Hansel agus Gretel líreacáin, milseáin agus brioscaí. Chuaigh siad abhaile sona sásta.

CEISTEANNA

1. **Ainmnigh na páistí sa scéal.** *(Name the children in the story.)*
2. **Cá ndeachaigh siad ag siúl?** *(Where did they go walking?)*
3. **Cad a chonaic siad?** *(What did they see?)*
4. **Cad a dúirt an chailleach ghránna?** *(What did the horrible witch say?)*
5. **Cad a tharla ag deireadh an scéil?** *(What happened at the end of the story?)*
   Thit an _____.

FOCLÓIR

sa choill — *in the woods*
líreacáin — *lollipops*
cailleach — *witch*
i gciseán — *in a basket*
ag gol — *crying*

Balún Te

Cruthaíodh an balún te sa Fhrainc sna 1700í.
Ba choileach, chaora agus lacha na chéad phaisinéirí ar bhalún te.
Tharla an chéad eitilt sa bhliain 1783.
Bhí sé san aer ar feadh ocht nóiméad.
Ní féidir le balún te eitilt nuair atá sé ag cur báistí mar tá sé dainséarach.
Sa bhliain 2010, cruthaíodh balún te le hurlár gloine, ach dúirt an tógálaí go raibh eagla ar dhaoine taisteal air!

CEISTEANNA

1. **Cathain a cruthaíodh an balún te?**
   (When was the hot air balloon invented?)
2. **Cé na chéad phaisinéirí a bhí ar bhalún te?**
   (Who were the first passengers on the hot air balloon?)
3. **Ar an gcéad eitilt, cé chomh fada is a bhí sé san aer?**
   (On its first flight, for how long was it in the air?)
4. **An féidir le balún te eitilt nuair atá sé ag cur báistí?**
   (Is a hot air balloon able to fly when it is raining?)
5. **Céard a tharla sa bhliain 2010?**
   (What happened in 2010?)

FOCLÓIR

cruthaíodh an balún te *the hot air balloon was invented*
coileach *rooster* **lacha** *duck*
na chéad phaisnéirí *the first passengers*
dainséarach *dangerous* **urlár gloine** *glass floor*

SEACHTAIN 23 • LÁ 1

Taispeáin is Inis

Dé hAoine a bhí ann.
Bhí rang a trí agus rang a ceathair sa leabharlann.
Bhí rud éigin difriúil tugtha isteach ag gach duine.
Bhí siad á dtaispeáint agus ag insint don rang fúthu.
Bhí bréagáin, peataí, tionscnaimh agus fiú amháin deartháir óg á dtaispeáint!
Bhí lá suimiúil agus lán de spraoi acu ar fad.
D'fhoghlaim siad a lán.

CEISTEANNA

1 Cén lá a bhí ann? *(What day was it?)*
2 Cá raibh rang a trí agus rang a ceathair?
 (Where were third and fourth class?)
3 Céard a bhí tugtha isteach ag gach duine?
 (What had everybody taken in with them?)
4 An raibh lá suimiúil acu?
 (Did they have an interesting day?)
5 Ar fhoghlaim siad a lán? *(Did they learn a lot?)*

FOCLÓIR

taispeáin is inis *show and tell*
rud éigin difriúil *something different*
bréagáin *toys*
tionscnaimh *projects*
suimiúil *interesting*
d'fhoghlaim siad *they learned*

Aimsir An-Ait

Bhí na páistí ag dul go dtí an pháirc.
Tráthnóna Luain a bhí ann.
Bhí an aimsir an-ait an lá ar fad.
'Táim an-fhuar,' arsa Jackie. 'Cá bhfuil mo chóta?'
'Tá mise an-te,' arsa Séamus.
'Mise freisin,' arsa Adam. 'Tá mé ag cur allais.'
'Tá an bháisteach ag teacht – cá bhfuil mo scáth báistí?' arsa Amy.

CEISTEANNA

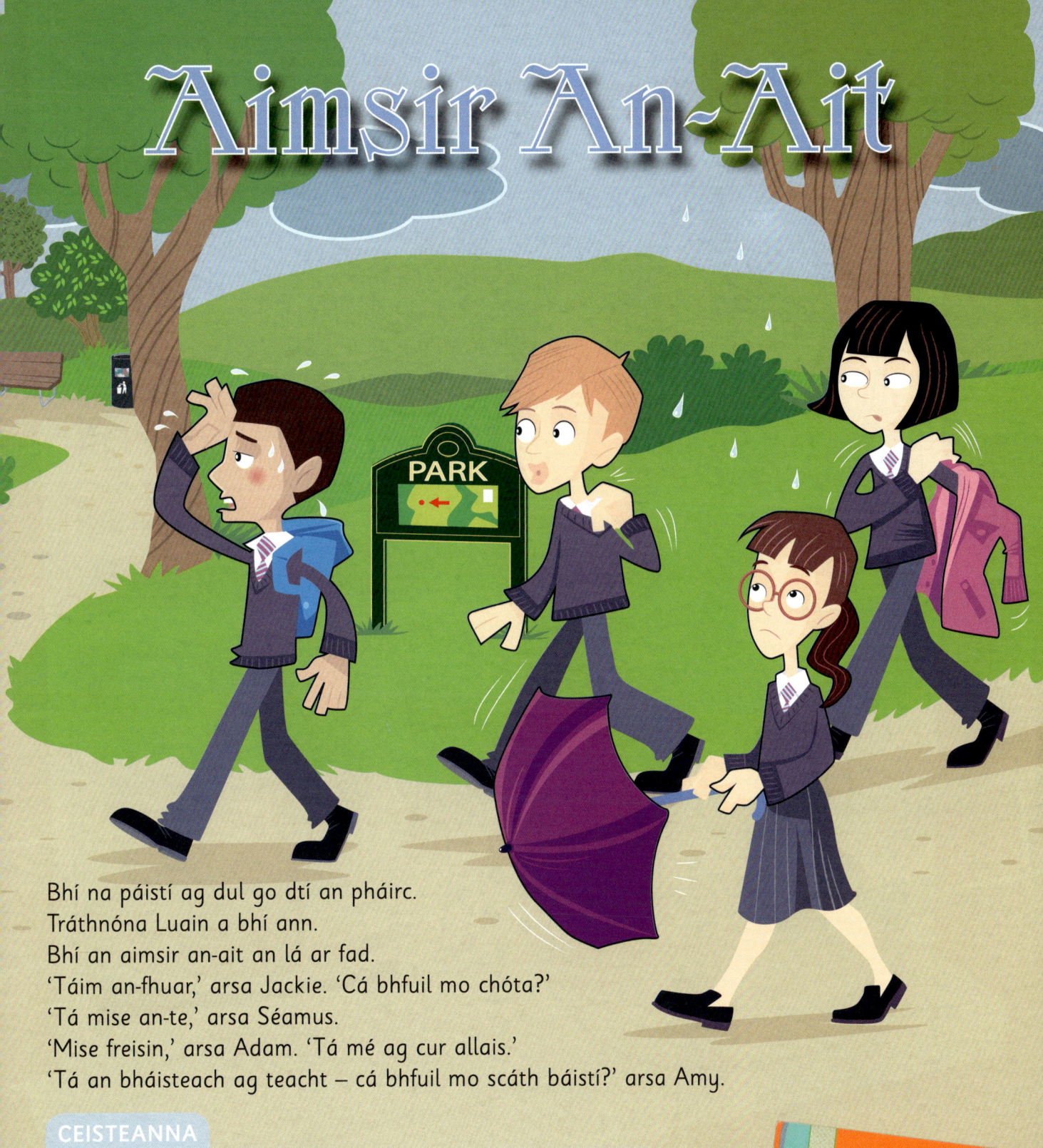

1. **Cá raibh na páistí ag dul?** *(Where were the children going?)*
2. **Cén lá a bhí ann?** *(What day was it?)*
3. **Cén saghas aimsire a bhí ann?** *(What type of weather was there?)*
4. **Céard a dúirt Jackie?** *(What did Jackie say?)*
5. **Céard a dúirt Amy?** *(What did Amy say?)*

Éan Cliste!

Bhí an chlann sa chistin.
Bhí sé in am lóin.
Bhí gach duine ina suí ag an mbord ag ithe.
Bhí pióg úll san fhuinneog.
D'eitil éan go dtí an fhuinneog.
Thosaigh sé ag ithe na pióige.
Thosaigh Mamaí ag béiceadh.
Thosaigh an chlann ag gáire!

CEISTEANNA

1 Cá raibh an chlann? *(Where was the family?)*
2 Cén t-am a bhí sé? *(What time was it?)*
3 Cá raibh gach duine ina suí? *(Where was everybody sitting?)*
4 Céard a rinne an t-éan? *(What did the bird do?)*
5 Cé a thosaigh ag gáire? *(Who started laughing?)*

FOCLÓIR

cliste *clever*
pióg úll *apple pie*
ag béiceadh *shouting*

Rang Drámaíochta

Bhí rang a ceathair ar bís. Bhí rang drámaíochta acu don lá ar fad.
Bhí dráma ar siúl acu do lucht féachana an tseachtain dár gcionn.
Thug an múinteoir páirteanna agus feistis do gach duine.
Rinne siad cleachtadh don lá ar fad.
Bhí siad ag tnúth go mór leis an dráma.
Bhí ticéid ceannaithe ag slua mór.

CEISTEANNA

1. Cén fáth a raibh an rang ar bís?
   (Why was the class excited?)
2. Céard a bhí ar siúl an tseachtain dár gcionn?
   (What was on the following week?)
3. Céard a thug an múinteoir do gach duine?
   (What did the teacher give to everyone?)
4. An raibh siad ag tnúth leis?
   (Were they looking forward to it?)
5. Ar díoladh go leor ticéad? *(Were many tickets sold?)*

FOCLÓIR

don lá ar fad *for the whole day*
lucht féachana *audience*
an tseachtain dár gcionn *the following week*
páirteanna agus feistis *parts and costumes*
ag tnúth go mór le *really looking forward to*
slua mór *big crowd*

SEACHTAIN **24** • LÁ **1**

Léirmheas ar Scannán

Snowy agus Dódó san Afraic

'Iontach ar fad!' ☆☆☆☆☆
'An-ghreannmhar!' ☆☆☆☆

Chuaigh mé féin agus m'iníon chun féachaint ar Snowy agus Dódo san Afraic.
Bhaineamar an-sult as.
Bhí sé greannmhar, cliste agus an-suimiúil.
Thaitin na carachtair go mór linn.
Bhí an plota go hiontach agus lán le spraoi.
Tá sé oiriúnach do pháistí agus do thuismitheoirí araon.

CEISTEANNA

1 Céard is ainm don scannán? *(What is the name of the film?)*
2 An raibh sé greannmhar? *(Was it funny?)*
3 Ar thaitin na carachtair leis an scríbhneoir? *(Did the writer like the characters?)*
4 Céard a dúirt an scríbhneoir faoin bplota? *(What did the writer say about the plot?)*
5 An bhfuil sé oiriúnach do pháistí agus do thuismitheoirí? *(Is it suitable for children and parents?)*

FOCLÓIR

léirmheas *review*   iníon *daughter*
bhaineamar an-sult as *we really enjoyed it*
cliste *clever*   plota *plot*
oiriúnach *suitable*   araon *alike*

SEACHTAIN 24 • LÁ 2

Teach ar Díol

Teach álainn ar díol!
Is teach leathscoite, dhá urlár é.
Tá sé suite ar bhóthar ciúin i lár an bhaile.
Thíos staighre tá cistin, seomra suí, seomra spraoi agus leithreas.
Thuas staighre tá trí sheomra codlata agus seomra folctha.
Tá garáiste in aice an tí agus gairdín beag os comhair an tí.
Ar chúl an tí tá gairdín ollmhór le gach saghas bláthanna agus cúpla crann úll ann.
Tuilleadh eolais ó Gary san oifig.

CEISTEANNA

1. Cad atá ar díol? *(What is for sale?)*
2. Cén sórt tí é? *(What sort of house is it?)*
3. Cá bhfuil an teach? *(Where is the house?)*
4. Cé mhéad seomra codlata atá sa teach? *(How many bedrooms are in the house?)*
5. Cad atá ar chúl an tí? *(What is at the back of the house?)*

FOCLÓIR

ar díol *for sale* leathscoite *semi-detached*
dhá urlár *two-storey* tá sé suite *it is situated*
os comhair *in front of* ar chúl *at the back of*
tuilleadh eolais *more information*

An Bhialann

1 Chuaigh mé chuig bialann sa Fhrainc an samhradh seo caite. Bhí mé ar mo chuid laethanta saoire le mo chlann ar feadh coicíse. Bhí an bhialann an-ghalánta agus bhí an tseirbhís ar fheabhas.

2 D'ith mé sailéad don chéad chúrsa.

3 D'ith mé sicín rósta agus glasraí don phríomhchúrsa.

4 Roghnaigh mé mús seacláide agus uachtar reoite don mhilseog.

5 Bhí gach rud an-bhlasta. Bhíomar an-sásta leis an mbéile ach bhí Daidí míshásta leis an gcostas.

CEISTEANNA

1 **Cá ndeachaigh an cailín an samhradh seo caite?** (Where did the girl go last summer?)
2 **Conas a bhí an tseirbhís?** (How was the service?)
3 **Cad a d'ith sí don chéad chúrsa?** (What did she eat for the first course?)
4 **Cad a d'ith sí don príomhchúrsa?** (What did she eat for the main course?)
5 **Cad a roghnaigh sí don mhilseog?** (What did she choose for dessert?)

FOCLÓIR

an samhradh seo caite last summer
coicís fortnight   **an-ghalánta** very posh
an-bhlasta very tasty   **leis an mbéile** with the meal
an costas the cost

Teachtaireacht Ríomhphoist

A Amy, a chara,

Dé Sathairn seo caite chuaigh mé ag siopadóireacht le Mamaí.
Chuaigh mé go dtí an t-ionad siopadóireacta.
Chuamar isteach i ngach siopa.
Cheannaigh mé bróga agus bríste géine i siopa amháin. Cheannaigh mé dhá ghúna, culaith shnámha agus spéaclaí gréine i siopa eile.
Deir Mamaí go bhfuil go leor éadaí agam anois. Cheannaigh mé dialann dheas agus peann álainn sa siopa leabhar. Cheannaigh Mamaí cúpla leabhar ann freisin.
Táimid réidh do na laethanta saoire anois!

Slán,
Tess

CEISTEANNA

1 Cá ndeachaigh Tess Dé Sathairn seo caite?
   (Where did she go last Saturday?)
2 Cad a cheannaigh sí sna siopaí éadaí?
   (What did she buy in the clothes shops?)
3 Cad a cheannaigh sí sa siopa leabhar?
   (What did she buy in the bookshop?)
4 Cad a cheannaigh Mamaí? *(What did Mammy buy?)*
5 Cé a scríobh an ríomhphost? *(Who wrote the e-mail?)*

FOCLÓIR

ionad siopadóireacta *shopping centre*
bríste géine *jeans*
culaith shnámha *swimsuit*
spéaclaí gréine *sunglasses*   **dialann** *diary*

An Bradán Feasa

Bhí seanfhear ina chónaí in aice le hAbhainn na Bóinne fadó.
Tháinig buachaill óg chuige lá amháin, Fionn Mac Chumhaill ab ainm dó.
Chuaigh an seanfhear ag iascaireacht. Bhí bradán feasa san abhainn.
Bradán draíochta a bhí ann.
Bhí an-áthas ar an seanfhear nuair a rug sé air.
Chuir sé an t-iasc os cionn na tine. Dúirt sé, 'Ná blais é.'
Chuir Fionn a mhéar ar an iasc agus ansin ina bhéal.
Bhí an-bhrón ar an seanfhear mar ba é Fionn an duine feasa as sin amach!

CEISTEANNA

1. Cá raibh an seanfhear ina chónaí?
   (Where was the old man living?)
2. Cé a tháinig chuige lá amháin?
   (Who came to him one day?)
3. Cad a bhí san abhainn?
   (What was in the river?)
4. Cén fáth a raibh an-bhrón ar an seanfhear?
   (Why was the old man so unhappy?)
5. Cad a rinne Fionn? *(What did Fionn do?)*

FOCLÓIR

bradán feasa *salmon of knowledge*
Abhainn na Bóinne *River Boyne*
chuige *to him*
ag iascaireacht *fishing*
draíocht *magic*
duine feasa *knowledgeable person*
as sin amach *from then on*

Cóineartú

Dé Sathairn a bhí ann.
Lá an chóineartaithe do mo dheartháir
Pádraig a bhí ann.
Bhí éadaí nua ar gach duine.
Chuaigh an chlann ar fad go dtí an
séipéal don Aifreann.
Bhí an t-easpag ann.

I ndiaidh an Aifrinn, bhí béile ag an gclann i mbialann Shíneach.
Bhí lá iontach againn.

CEISTEANNA

1. Cén lá speisialta a bhí ann? *(What special day was it?)*
2. An raibh éadaí nua ar gach duine? *(Did everybody have new clothes on?)*
3. Cé a chuaigh go dtí an séipéal? *(Who went to the church?)*
4. Céard a tharla i ndiaidh an Aifrinn? *(What happened after the Mass?)*
5. An raibh lá deas acu? *(Did they have a nice day?)*

FOCLÓIR

cóineartú *confirmation*
séipéal *church*
easpag *bishop*
bialann Shíneach *Chinese restaurant*
iontach *excellent*

Foirgnimh Cháiliúla

Túr Eiffel – Páras

Tógadh é sa bhlian 1889. Tá sé timpeall míle (1,000) troigh in airde. Gach seacht mbliana, déantar péintéail air chun é a choimeád slán ón meirg.

Túr Big Ben – Londain

Tógadh idir 1843 agus 1858 é. Tugtar Big Ben ar an gclog taobh istigh den túr. Is féidir é a chloisteáil gach cúig nóiméad déag.

Colasaem – An Róimh

Tógadh idir 72 agus 80AD é. Tógadh é don tsiamsaíocht ar dtús é. Chaith siad céad lá ar na chéad chluichí anseo.

An tÁras Ceoldrámaíochta – Sydney

D'oscail sé i 1973. Bhí comórtas ann chun foirgneamh a dhearadh agus bhuaigh Jorn Utzor é.

Dealbh na Saoirse – Nua-Eabhrac

Ba bhronntanas é do na Stáit Aontaithe ón bhFrainc. Tá sé suite ar Oileán Ellis i Nua-Eabhrac.

CEISTEANNA

1. Cén bhliain ar tógadh Túr Eiffel?
   (What year was the Eiffel Tower built?)
2. Cé mhéad lá ar chaith siad ag na chéad chluichí sa Cholasaem?
   (How many days did they spend on the first games in the Colosseum?)
3. Céard a thugtar ar an gclog taobh istigh den túr i Londain?
   (What is the name of the bell inside the tower in London?)
4. Cé a bhuaigh an comórtas deartha don Áras Ceoldrámaíochta?
   (Who won the design competition for the Opera House?)
5. Cé a thug Dealbh na Saoirse mar bhronntanas do na Stáit Aontaithe?
   (Who gave the Statue of Liberty as a present to the USA?)

FOCLÓIR

foirgnimh cháiliúla famous buildings
troigh feet   **meirg** rust
siamsaíocht entertainment
céad lá a hundred days
na chéad chluichí the first games
dearadh design
na Stáit Aontaithe the United States

SEACHTAIN 25 • LÁ 4

Díolachán ar Siúl

Leabhair agus éidí scoile ar díol i halla na scoile!

Cathain:
30ú Meitheamh

Am:
A deich a chlog go dtí a haon a chlog

Ar díol:

✶ Geansaithe ✶ Sciortaí ✶
✶ Brístí ✶ Léinte ✶
✶ Carbhait ✶ Leabhair ✶

gach saghas agus gach praghas!

**Bígí ann! Cuma mhaith ar gach rud!
Tuilleadh eolais ó Mharia san oifig**

CEISTEANNA

1. Cad atá ar siúl? *(What is happening?)*
2. Cá bhfuil sé ar siúl? *(Where is it on?)*
3. Cathain a bheidh sé ar siúl? *(When will it be on?)*
4. An bhfuil leabhair ar díol? *(Are there books for sale?)*
5. Conas is féidir leat tuilleadh eolais a fháil? *(Where can you get more information?)*

FOCLÓIR

díolachán *sale*
carbhait *ties*
tuilleadh eolais *more information*
Meitheamh *June*
cuma mhaith *good condition*

SEACHTAIN 26 • LÁ 1

Cistin Susie

Inniu ar 'Cistin Susie' beidh fir shinséir á ndéanamh againn. Beidh plúr, síoróip, ubh, im, siúcra, sínséar agus sóid aráin ag teastáil.

Cuir na comhábhair ar fad isteach i mbabhla. Measc go maith le spúnóg iad.

Anois cuir an taos amach ar an mbord. Rollaigh amach agus gearr amach cruthanna na bhfear sinséir.

Leag amach ar thráidire agus maisigh iad.

Cuir isteach san oigheann ar feadh deich nóiméad iad. I ndiaidh an tsosa fógraíochta beidh toirtín úll á dhéanamh agam.

CEISTEANNA

1. Céard atá á ndéanamh acu ar an gclár cócaireachta? *(What are they making on the cookery programme?)*
2. Céard atá ag teastáil? *(What is required?)*
3. Cá gcuireann tú amach an taos? *(Where do you put the dough?)*
4. An gcuireann tú isteach san oigheann iad? *(Do you put them into the oven?)*
5. Céard a bheidh á dhéanamh ag Susie i ndiaidh an tsosa fógraíochta? *(What will Susie be making after the commercial break?)*

FOCLÓIR

fir shinséir *gingerbread men*
síoróip *syrup*   sínséar *ginger*
taos *dough*
sos fógraíochta *commercial break*
toirtín úll *apple tart*

SEACHTAIN **26** • LÁ **2**

Ag Bogadh Tí 1

Tá clann Natalie ag bogadh tí.
Tá teach nua ceannaithe ag a tuismitheoirí san Astráil.
Tá gach duine ar bís faoin teach nua ach tá uaigneas ar Natalie.
'Is aoibhinn liom mo theach anseo,' a dúirt Natalie le Mamaí.
'Tá mo chairde in aice liom. Tá gairdín cúil agam le luascán ann. Tá crainn úll ann a chuireamar sa talamh nuair a bhogamar anseo.'
'Ná bí brónach,' a dúirt Mamaí. 'Tá an teach san Astráil go hálainn'.
Thosaigh Natalie ag caoineadh.

CEISTEANNA

1. Cé atá ag bogadh tí? *(Who is moving house?)*
2. Cá bhfuil an teach nua? *(Where is the new house?)*
3. An bhfuil gach duine ar bís? *(Is everybody excited?)*
4. Céard a dúirt Natalie? *(What did Natalie say?)*
5. Ar thosaigh Natalie ag caoineadh? *(Did Natalie start crying?)*

FOCLÓIR

ag bogadh tí *moving house*
uaigneas *sadness*
gairdín cúil *back garden*   luascán *swing*

Ag Bogadh Tí 2

Is turas an-fhada é go dtí an Astráil ó Éirinn.
Bhuail siad le Daidí agus Uncail Bryan ag an aerfort san Astráil.
Chuaigh an chlann go dtí a dteach nua.
Bhí gach rud ón seanteach sa teach nua cheana féin.
Bhí ionadh an domhain ar Natalie.
'Is aoibhinn liom mo theach nua,' a dúirt sí le Mamaí. 'Tá mo chol ceathracha in aice liom, tá linn snámha againn agus tá an trá ar chúl an ghairdín!'
Thosaigh Natalie ag gáire.

CEISTEANNA

1. **An turas fada é go dtí an Astráil?** *(Is it a long journey to Australia?)*
2. **Cé leo ar bhuail siad ag an aerfort san Astráil?**
   (Who did they meet at the airport in Australia?)
3. **Céard a bhí sa teach nua?** *(What was in the new house?)*
4. **An raibh ionadh ar Natalie?** *(Was Natalie surprised?)*
5. **Céard a dúirt Natalie?** *(What did Natalie say?)*

FOCLÓIR

an-fhada *very long*
cheana féin *already*

SEACHTAIN 26 • LÁ 4

Sicín Suaithfhriochta

Comhábhair: Tá dhá bhrollach sicín, dhá chairéad, dhá phiobar dhearga, oinniún, brocailí, gairleog, núdail, uisce te agus anlann soighe ag teastáil.

Céimeanna

1 Gearr an sicín i bpíosaí le cabhair ó dhuine fásta.

2 Gearr na glasraí i bpíosaí le cabhair ó dhuine fásta.

3 Frioch an sicín i wok go dtí go bhfuil sé cócaráilte.

4 Cuir isteach na glasraí agus frioch ar feadh trí nóiméad iad.

5 Cuir na núdail i mbabhla uisce fiochta ar feadh cúig nóiméad.

6 Tóg na núdail amach as an mbabhla agus cuir isteach sa wok iad.

7 Measc isteach an t-anlann soighe.

8  Cuir an béil ar phláta agus bain taitneamh as!

CEISTEANNA

1. Cad atá ag teastáil? *(What is needed?)*
2. Cad í céim a haon? *(What is the first step?)*
3. Cad í céim a ceathair? *(What is the fourth step?)*
4. Cad í céim a sé? *(What is the sixth step?)*
5. Cad í céim a hocht? *(What is the eighth step?)*

FOCLÓIR

suaithfhrioctha *stir-fried*	brollach sicín *chicken breast*
piobar dearg *red pepper*	gairleog *garlic*
núdail *noodles*	anlann soighe *soy sauce*
i bpíosaí *in pieces*	frioch *fry*

Ag Siopadóireacht san Aerfort

Bhí Mamaí, Daidí agus na páistí ag dul ar a gcuid laethanta saoire go dtí an Iodáil.
Bhí siad an-luath don eitilt.
Bhí siad san aerfort ag déanamh siopdóireachta.
Bhí Daidí ag ceannach uachtar gréine agus seampú sa siopa poitigéara.

Bhí Mamaí ag ceannach smididh agus cumhráin sa siopa saor-ó-dhleacht.

Bhí na páistí ag ceannach leabhar agus irisleabhar sa siopa leabhar.

Bhuail siad le chéile i ndiaidh na siopadóireachta.

CEISTEANNA

1. Cá raibh Mamaí, Daidí agus na páistí ag dul? *(Where were Mum, Dad and the children going?)*
2. An raibh siad an-luath don eitilt? *(Were they very early for the flight?)*
3. Céard a bhí Daidí ag ceannach? *(What was Daddy buying?)*
4. Céard a bhí Mamaí ag ceannach? *(What was Mammy buying?)*
5. Céard a bhí na páistí ag ceannach? *(What were the children buying?)*

FOCLÓIR

an-luath *very early*
uachtar gréine *suncream*
seampú *shampoo*
siopa poitigéara *pharmacy*
smideadh *make-up*
cumhrán *perfume*
saor-ó-dhleacht *duty-free*
irisleabhar *magazine*

Caifé san Aerfort

'Tá ocras an domhain orm,' arsa Daidí 'ar mhaith libh bricfeasta?'
'Ba mhaith!' arsa na páistí le chéile.
Chuaigh an chlann go dtí caifé in aice leis an ngeata.
Bhí rogha mhór bia ann.
Fuair Mamaí leite le torthaí agus iógart.
Fuair Daidí uibheacha, ispíní agus tósta.
Fuair na páistí ceapairí agus sú oráiste.

CEISTEANNA

1 **Cá ndeachaigh an chlann?** *(Where did the family go?)*
2 **An raibh rogha mhór bia ann?**
   (Was there a big choice of food there?)
3 **Céard a fuair Mamaí?** *(What did Mammy get?)*
4 **Céard a fuair Daidí?** *(What did Daddy get?)*
5 **Céard a fuair na páistí?** *(What did the kids get?)*

FOCLÓIR

tá ocras an domhain orm *I'm starving*
an geata *the gate*
rogha mhór *big choice*   **leite** *porridge*

SEACHTAIN 27 • LÁ 3

An Aimsir san Iodáil

Thuirling an chlann den eitleán.
Bhuail teas na gréine iad láithreach.
'Tá sé an-te, cén fáth nár chaith mé bríste gearr agus t-léine?' arsa Daidí.
Bhí sé ag cur allais.
'Bhí sé ag cur báistí agus bhí sé an-fhuar ag fágáil an bhaile ar maidin,' arsa Mamaí, ag gáire.
'Bain díot do gheansaí!' arsa an mac.
Chuir Mamaí a spéaclaí gréine uirthi.
Thosaigh na páistí ag rith chun a málaí a bhailiú.

CEISTEANNA

1. **Céard a bhuail iad láithreach?** *(What hit them instantly?)*
2. **Céard a dúirt Daidí?** *(What did Daddy say?)*
3. **Céard a dúirt Mamaí?** *(What did Mammy say?)*
4. **Céard a chuir Mamaí uirthi?** *(What did Mammy put on her?)*
5. **Céard a thosaigh na páistí ag déanamh?** *(What did the children start doing?)*

FOCLÓIR

thuirling *descended*   **láithreach** *instantly*
bríste gearr *shorts*   **ag cur allais** *sweating*

Fillteoga Toirtíle

Comhábhair

Tá toirtíle, salsa, sicín, piobair, oinniún, beacáin agus cáis ag teastáil.

Céimeanna

1. Le cabhair ó dhuine fásta, gearr an sicín i bpíosaí agus cuir ag friochadh iad go dtí go bhfuil siad donn.

2. Gearr na piobair, an t-oinniún agus na beacáin agus cuir isteach sa fhriochtán iad ar feadh idir trí agus cúig nóiméad.

3. Cuir isteach an salsa agus déan cócaráil air ar feadh cúig nóiméad.

4. Faigh pláta mór agus cuir toirtíle air.

5. Cuir an cumasc ón bhfriochtán i líne dhíreach i lár an toirtíle agus cuir an cháis ar barr.

6. Rollaigh suas nó fill é agus bain taitneamh as!

CEISTEANNA

1. **Cad iad na comhábhair atá ag teastáil?** *(What are the ingredients required?)*
2. **Céard í céim a haon?** *(What is step one?)*
3. **Céard í céim a trí?** *(What is step three?)*
4. **Céard í céim a ceathair?** *(What is step four?)*
5. **Céard í céim a cúig?** *(What is step five?)*

FOCLÓIR

fillteoga toirtíle *tortilla wraps*	
beacáin *mushrooms*	**ag friochadh** *frying*
friochtán *frying pan*	**cumasc** *mixture*
i líne dhíreach *in a straight line*	
rollaigh suas *roll up*	**fill** *fold*

SEACHTAIN 28 • LÁ 1

Cailín Uathúil

Is cailín deas uathúil mé,
Lán le spraoi.
Is maith liom a bheith gnóthach,
Ach is maith liom a bheith i mo luí!

Tá súile móra glasa agam
I mo cheann,
Is gruaig fhada chatach,
Le píosaí rua is donn.

Ní fhéachaim mar mo dheartháir,
Ná mo dheirfiúr bheag,
Níl ionam ach mise,
Sin Caitlín Rua bheag.

Údar anaithid

GNÍOMH

Léigh agus foghlaim an dán. (Read and learn the poem.)

FOCLÓIR

uathúil *unique*
lán le spraoi *full of fun*   catach *curly*
níl ionam ach mise *I'm only myself*

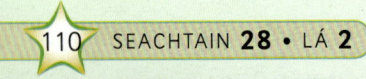

San Astráil

Is tír an-mhór í an Astráil.
Tógann sé thart ar cheithre huaire an chloig is fiche le dul ann ó Éirinn ar eitleán.
Seo roinnt de na rudaí cáiliúla a thagann ón Astráil

1 Didiridiú: Is uirlis cheoil thraidisiúnta í.

2 Búmarang: Imríonn daoine cluichí le búmarang anois, ach uirlis fiaigh a bhí ann fadó.

3 Tonnchlár agus an tsurfáil: Is caitheamh aimsire an-choitianta é an tsurfáil san Astráil ina luíonn nó seasann tú ar thonnchlár agus tugann an tonn isteach chuig an trá tú.

4 Cangarú agus cóála: Is ainmhithe dúchasacha iad san Astráil. Tá cuma an-ghleoite orthu, ach tá siad dainséarach.

CEISTEANNA

1 Cé chomh fada is a thógann sé dul ó Éirinn go dtí an Astráil? *(How long does it take to go from Ireland to Australia?)*
2 Céard is didiridiú ann? *(What is a didgeridoo?)*
3 Céard is búmarang ann? *(What is a boomerang?)*
4 Céard is tonnchlár ann? *(What is a surfboard?)*
5 Céard iad cangarúnna agus cóálaí? *(What are kangaroos and koalas?)*

FOCLÓIR

didiridiú *didgeridoo*	búmarang *boomerang*
uirlis fiaigh *hunting weapon*	tonnchlár *surfboard*
an-choitianta *very common*	tonn *wave*
ainmhithe dúchasacha *native animals*	
an-ghleoite *very cute*	dainséarach *dangerous*

SEACHTAIN **28** • LÁ **3**

Beidh Aonach Amárach

Beidh aonach amarach i gContae an Chláir,
Beidh aonach amarach i gContae an Chláir,
Beidh aonach amarach i gContae an Chláir,
Cén mhaith dom é! Ní bheidh mé ann.

Curfá:
A Mháithrín, an ligfidh tú chun aonaigh mé?
A Mháithrín, an ligfidh tú chun aonaigh mé?
A Mháithrín, an ligfidh tú chun aonaigh mé?
A mhuirnín ó, ná héiligh é.

Níl tú a deich ná a haon déag fós,
Níl tú a deich ná a haon déag fós,
Níl tú a deich ná a haon déag fós,
Nuair a bheidh tú trí déag, beidh tú mór.

GNÍOMH
Can agus foghlaim an t-amhrán. *(Sing and learn the song.)*

FOCLÓIR
aonach *fair*
cén mhaith dom é *what use is it to me*
curfá *chorus*
ná héiligh é *don't demand it*

Na Laethanta Saoire

Caith uait do mhála scoile,
Mar níl sé uait níos mó.
Caith isteach sa chófra é;
Fág é go dtí Meán Fómhair.
Téigh amach ag súgradh,
Is téigh amach ag spraoi;
Téigh amach ag imirt peile
Nó ag luascadh ó na crainn.

Bain díot d'éide scoile,
Mar níl sí uait níos mó.
Caith isteach sa chófra í;
Fág í go dtí Meán Fómhair,
Téigh amach ag súgradh
Is téigh amach ag spraoi;
Téigh amach ag imirt peile
Nó ag luascadh ó na crainn.

Le Dominic Ó Braonáin
Ó Mo Cheol Thú!

FOCLÓIR

caith uait *throw away*
níl sé uait *you don't need it*
níos mó *anymore*
ag luascadh *swinging*
bain díot *take off*

GNÍOMH

Léigh agus foghlaim an dán. *(Read and learn the poem.)*

Cuairt ar an Meánscoil

Tá meánscoil nua tógtha in aice leis an mbunscoil.
Ardscoil Rís an t-ainm atá uirthi.
Is gaelscoil mheascaithe í.
Beidh sí ag oscailt i mí Mheán Fhomhair.
Tá dhá fhoirgneamh ann – an scoil í féin agus an t-ionad spórt.
Thug an príomhoide cuireadh do mhuintir an bhaile dul ar cuairt ann.
Bhí na múinteoirí nua ann chomh maith.
Cheap gach duine gur scoil iontach a bhí inti.

CEISTEANNA

1 **Céard atá tógtha in aice leis an mbunscoil?**
(What has been built beside the primary school?)
2 **Cén t-ainm atá uirthi?** (What is its name?)
3 **Cén saghas scoile í?** (What type of school is it?)
4 **Cén uair atá sí ag oscailt?** (When is it opening?)
5 **Céard a thug an príomhoide do mhuintir an bhaile?**
(What did the principal give to the people of the town?)

FOCLÓIR

meánscoil *secondary school*
gaelscoil mheascaithe *mixed Irish-speaking school*
dhá fhoirgneamh *two buildings*
muintir an bhaile *people of the town*

Pirimid an Bhia

Ag bun na pirimide tá prátaí, rís, pasta, gránach arbhair agus arán.
Ar a bharr sin, tá torthaí agus glasraí.
Ba chóir duit a lán den bhia seo a ithe gach aon lá.
Ar a bharr sin tá bainne, iógart agus cáis.
Ar a bharr sin fós, tá feoil, uibheacha, iasc agus pónairí.
Ba chóir iad seo a ithe gach lá ach ní gá ach beagán díobh a ithe.
Ar bharr na pirimide tá an bia atá lán le siúcra nó salann.
Níl siad go maith duit agus níor chóir duit iad a ithe go rómhinic.

CEISTEANNA

1 **Céard atá ag bun na pirimide?** *(What is at the bottom of the pyramid?)*
2 **Ar chóir duit a lán torthaí agus glasraí a ithe?**
   (Should you eat lots of fruit and vegetables?)
3 **Céard atá ar bharr bainne, cáise agus iógairt?**
   (What is above milk, cheese and yoghurt?)
4 **Ar chóir duit a lán feola, éisc, uibheacha agus pónairí a ithe?**
   (Should you eat a lot of meat, fish, eggs and beans?)
5 **Céard atá ar bharr na pirimide?** *(What is at the top of the pyramid?)*

FOCLÓIR

ag bun *at the bottom*
gránach arbhair *cereal*
ar a bharr sin *on top of that*
ba chóir duit *you should*
níor chóir duit *you should not*
rómhinic *too often*

SEACHTAIN 29 • LÁ 3 115

Go hIomlán Lán!

(Fonn: 'The Mulberry Bush')

Tá na málaí go hiomlán lán,
Go hiomlán lán,
Go hiomlán lán,
Tá na málaí go hiomlán lán,
Ní féidir linn iad a dhúnadh.

Tá an carr go hiomlán lán,
Go hiomlán lán,
Go hiomlán lán,
Tá an carr go hiomlán lán,
Níl spás d'éinne ann.

Tá an t-eitleán go hiomlán lán,
Go hiomlán lán,
Go hiomlán lán,
Tá an t-eitleán go hiomlán lán,
Ní féidir linn dul ar saoire.

Le Ellie Ní Mhurchú

GNÍOMH

Can agus foghlaim an t-amhrán. (Sing and learn the song.)

FOCLÓIR

go iomlán lán *completely full*
iad a dhúnadh *to close them*
níl spás d'éinne *there is no room for anyone*

Lá Spóirt na Scoile

An samhradh a bhí ann.
Bhí an aimsir go hálainn.
Bhí lá spóirt na scoile ar siúl.
Bhí na páistí ar bís mar bhí rás na múinteoirí ar siúl.

Rith na múinteoirí go tapaidh.
Bhí gach duine ag gáire agus ag béiceadh.
Bhí an-spraoi ag gach duine.

Tháinig Iníon Ní Bhrúin sa chéad áit.
Fuair sí bualadh bos mór.

CEISTEANNA

1. Cén sórt aimsire a bhí ann? *(What sort of weather was it?)*
2. Cad a bhí ar siúl? *(What was on?)*
3. Cén rás a bhí ar siúl? *(What race was on?)*
4. Cé a tháinig sa chéad áit? *(Who came in first place?)*
5. Cé a fuair bualadh bos mór? *(Who got a big round of applause?)*

FOCLÓIR

lá spóirt na scoile *school sports day*
rás na múinteoirí *the teachers' race*
go tapaidh *quickly*
ag béiceadh *shouting*
sa chéad áit *in first place*

Beárbaiciú

Shroich gach duine an beárbaiciú ag a dó a chlog.
Fuair Daidí deoch do gach duine agus bhí sneaiceanna ullmhaithe ag Mamaí.
Thosaigh cluiche leadóige ag a trí a chlog.
D'fhéach gach duine ar an gcluiche ar an teilifís.
Cluiche den chéad scoth a bhí ann.

Nuair a bhí sé thart, bhí an beárbaiciú réidh ag Daidí.
Bhí gach duine ag ithe agus ag caint sa ghairdín.
Thaitin an lá go mór le gach duine.

CEISTEANNA

1. Cén t-am a shroich gach duine an beárbaiciú?
   (What time did everyone arrive at the barbecue?)
2. Céard a fuair Daidí do gach duine?
   (What did Daddy get for everyone?)
3. Cén t-am a thosaigh an cluiche leadóige?
   (What time did the tennis start?)
4. Cá raibh gach duine ag ithe? (Where did everybody eat?)
5. Ar thaitin an lá le gach duine? (Did everybody enjoy the day?)

FOCLÓIR

beárbaiciú *barbecue*
sneaiceanna *snacks*
ullmhaithe *prepared*
cluiche leadóige *tennis match*
den chéad scoth *first-class*
thart *over*

Lá Grianmhar Cois Farraige

Lá grianmhar agus te a bhí ann.
Bhailigh Mamaí na páistí ón scoil agus chuaigh siad síos chuig an trá.
Chuaigh na páistí ag snámh agus ag snorcláil chomh luath is a shroich siad an trá.

I ndiaidh dhá uair an chloig shuigh siad síos ar an trá.
Bhí picnic ullmhaithe ag Mamaí.
Bhí a lán bia álainn ann. Bhí sailéad, quiche, torthaí, cáis, arán agus feoil aici.
D'ith siad béile blasta. Tar éis tamaill, thosaigh siad ag snámh agus ag súgradh arís.

Ag a seacht a chlog, chuaigh siad abhaile.

CEISTEANNA

1. **Cén saghas lae a bhí ann?** (What type of day was it?)
2. **Céard a rinne na páistí nuair a shroich siad an trá?** (What did the children do when they reached the beach?)
3. **Céard a bhí ullmhaithe ag Mamaí?** (What had Mammy prepared?)
4. **Cén saghas bia a bhí aici?** (What type of food did she have?)
5. **Céard a tharla ag a seacht a chlog?** (What happened at seven o'clock?)

FOCLÓIR

cois farraige *beside the sea*
bhailigh *collected*
ag snorcláil *snorkelling*
chomh luath is *as soon as*

An Teilifís

Dia duit, is mise Sarah.
Téim chuig ranganna drámaíochta i Scoil San Treasa.
Inniu beidh mé ar an teilifís!
Beidh an clár ar RTÉ 2 agus is do pháistí óga é.
Tá orm agallamh a chur ar aisteoir cáiliúil.
Tá deich gceist réidh agam.
Tá mé an-neirbhíseach, mar tá an seomra lán le ceamaraí agus daoine a oibríonn do RTÉ 2.
Tháinig mo chara Judy agus mo Mhamaí in éineacht liom chun tacaíocht a thabhairt dom.
Caithfidh mé imeacht, tá siad ag glaoch orm!

CEISTEANNA

1. Cá dtéann sí chuig ranganna drámaíochta? *(Where does she go to drama classes?)*
2. Céard atá ag tarlú inniu? *(What is happening today?)*
3. Cá mbeidh an clár ar siúl? *(Where will the programme be on?)*
4. Cén fáth a bhfuil sí neirbhíseach? *(Why is she nervous?)*
5. Cé atá in éineacht léi chun tacaíocht a thabhairt di? *(Who is with her to give her support?)*

FOCLÓIR

ranganna drámaíochta *drama classes*
clár *programme*   agallamh *interview*
aisteoir cáiliúil *famous actor*
ceamaraí *cameras*
in éineacht liom *with me*
tacaíocht *support*   ag glaoch *calling*